중국어
덕후
현정쌤의

# 50일 기초 중국어 말하기

## [말문 트기 편]

시대인

# Thanks 감사의 말

**언어는 힘들게 공부하는 게 아니라 자연스레 습득하는 것. 나의 언어 실력을 성적으로 보여주려고, 증명하려고 하니 힘이 드는 것. 사람은 사는 것처럼 언어를 하는 것. 삶을 사랑하는 것처럼 언어를 사랑하는 것.**

**(김창옥 교수 강연 중 인용)**

안녕하세요! 중국어덕후 박현정입니다.

중국어 세계에 오신 여러분들 모두 환영해요! 이 책은 중국어를 이제 막 배우기 시작하신 분들 또는 어느 정도 배웠지만 발음이 어려워서 배움의 즐거움을 잘 느끼지 못하시는 분들을 위한 책이에요. 사실 저도 처음에는 중국어가 막막하게 느껴졌어요. 중국에서 상용하는 한자가 약 3,500자인데, 한자마다 발음과 성조가 모두 다르다는 사실을 알고 나니 '한자를 외우는 것도 어려운데 발음까지 어떻게 다 외울까...'라고 걱정부터 들었거든요. 하지만, 저는 중국어를 '공부'로 접근한 것이 아니라 좋아하는 대상(임지령)을 알아가기 위한 '도구'로 생각했기 때문에 이 걱정은 조금씩 사라지고 오히려 흥미가 생겼답니다. 그리고 그 후로 20여 년이 지난 지금까지도 저는 중국어를 공부하고 중국어로 말하는 게 정말 재미있고 즐거워요. 그래서 요즘은 취미로 중국 광고 영상에 더빙하거나, 잰말놀이를 하면서 스트레스를 푼답니다! 여러분, 중국어가 '놀이'가 된다는 사실이 믿어지시나요?^^

저는 실제로 중국어가 너무 좋아요. 좋아하니까 시간을 더 들이고 더 잘하려고 노력했던 거 같아요. 그래서 중국어의 발음 원리를 책에 담으면 좋겠다고 생각했었는데 우연히 책을 집필할 기회가 생겨 저의 중국어 학습 노하우를 담은 책을 내게 되었어요. 올해 4월부터 시작한 이 책의 집필이 끝이 보이니, 한국인이 중국어 발음을 어떻게 하면 쉽고 정확하게 배울 수 있을까 고민하느라 한 단어, 한 구절의 표현에도 민감하게 토론했던 시간들이 떠오릅니다. 이 책에 담은 내용이 완벽한 중국어 발음을 표현한다고는 할 순 없겠지만, 가장 원어민다운 말하기 습관과 이에 담긴 발음 원리를 최대한 쉽게 설명하고자 심혈을 기울였어요. 저는 이 책을 통해 우리 독자분들이 원어민같은 발음을 '득템'하시길 바라면서도 또 바라는 것은 저처럼(?) 중국어가 공부가 아닌 즐거움이란 것을 깨닫는 계기가 되는 거예요. 그렇게 중국어를 좋아하게 되면 발음뿐만 아니라 회화 실력까지도 월등히 성장할 테니까요!

지난 몇 달간 이 책이 나올 수 있도록 컨셉과 구성에 여러 아이디어를 주신 편집자님과 지금까지 제가 중국어덕후의 꿈을 이룰 수 있게 응원해 주고 지지해 준 가족에게 감사의 인사를 전하고 싶어요. 원어민처럼 중국어를 하는 것은 특별한 사람들만의 이야기가 아니랍니다. 자, 그럼 이제 같이 중국어덕후처럼 중국어를 공부해 볼까요?

저자 박현정

# Question 원어민이 여러분의 중국어를 못 알아듣는 이유는?

중국어는 성조가
중요하니까 정확하게
권설음이 어려우니까
한 글자씩 또박또박

워 • 쨔오 • 파오 • 쯔ㄹ •
민, • 스ㄹ • 한 • 궈 • 런.

(박 모 씨, 중국어 1년 학습)

**여러분도 혹시 이렇게 중국어를 하고 계신가요?**
그런데,
**중국 사람이 내 말을 못 알아듣는 이유는?**

**완벽한 병음 + 완벽한 성조 ≠ 원어민 중국어**
**sh ü　　ā á ǎ à**

병음과 성조가 다가 아니라고요...?

## Answer 발음은 단순히 문자를 정확하게 읽는 것이 전부가 아니에요. 그 밖의 요소들(억양, 끊어 읽기, 음길이, 호흡 등)이 "정말" 중요해요.

**중국어 선생님들의 발음 선생님,**
**현정쌤이 생각하는 중국어 발음은요.**

- ☑ 성조는 절대적인 음높이가 아니라 **상대적인 음높이**로!
- ☑ 문장과 상황마다 달라지는 **억양, 끊어 읽기, 호흡, 음길이**에 주의!
- ☑ 중국어는 개별 글자보다는 **문장 차원**의 발음 연습이 중요!
- ☑ 문장의 단어마다 다르게 **강약 조절**을!

# Solution 이렇게 하면 원어민이 알아듣는 중국어가 돼요!

## 1 문장의 억양을 직관적으로 볼 수 있는 문장파도

**성조의 상대적 음높이**
모든 4성이 똑같은 음높이가 아니에요.
다양한 높이의 막대를 그대로 따라 읽으면
원어민 발음 장착!!

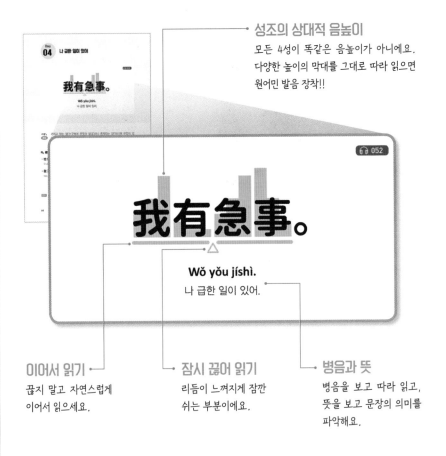

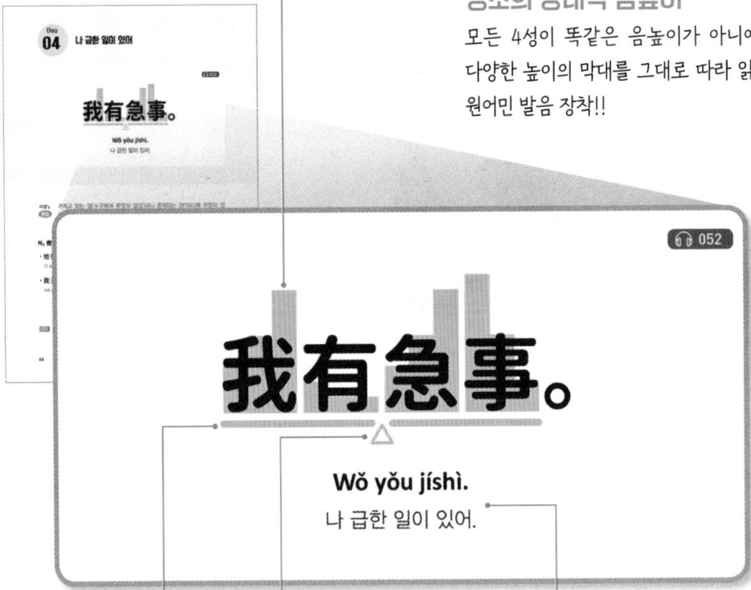


**이어서 읽기**
끊지 말고 자연스럽게
이어서 읽으세요.

**잠시 끊어 읽기**
리듬이 느껴지게 잠깐
쉬는 부분이에요.

**병음과 뜻**
병음을 보고 따라 읽고,
뜻을 보고 문장의 의미를
파악해요.

※ 이 문장파도에서 나타내는 성조의 음높이와 끊어 읽기는 실제 대화에서 뉘앙스에 따라 달라질 수 있습니다.

# 2 단어부터 차근차근 발음을 연습하는 낭독 3단계

**단어만 또박또박**

병음과 성조를 정확하게 지키며 읽어 볼게요.

**① 단어** 병음과 성조를 정확하게 ☑□□

| Wǒ | · | yǒu | · | jí | · | shì |
|---|---|---|---|---|---|---|
| 我 | | 有 | | 急 | | 事 |
| 나 | | 있다 | | 급하다 | | 일 |

**② 단어+단어** 성조 변화에 주의해서 ☑□□

| Wó yǒu | · | jí shì |
|---|---|---|
| 我有 | | 急事 |
| 나는 ~이 있다 | | 급한 일 |

**③ 문장** 리듬과 억양을 살려서 ☑□□

**Wó yǒu jíshì.**

我有急事。

나는 급한 일이 있다.

**원어민처럼**

자신감 있게 전체 문장의 리듬을 살려서 읽어요.

**단어끼리 붙여서**

성조가 어떻게 변하는지 주의하고, 음높이를 다양하게 구사하며 읽어요.

## 3 내 중국어의 빈틈을 보완하는 작문&잰말놀이

**5개 문장 복습**

배운 문장을 기억해서 중국어로 바꾸면
5일치 문장이 확실히 내 것이 될 거예요.

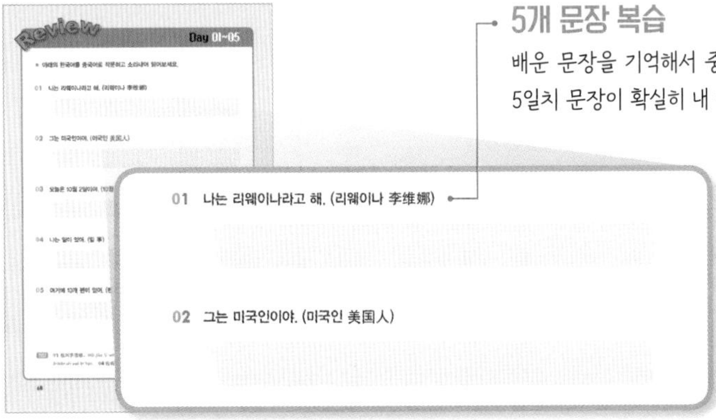

Review
Day 01~05
01 나는 리웨이나라고 해. (리웨이나 李维娜)
02 그는 미국인이야. (미국인 美国人)


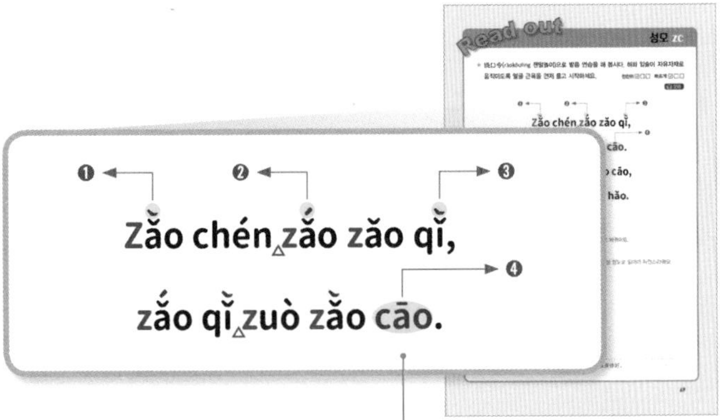


**어려운 발음만 다시 연습**

'빨리' 발음하기보다는 '입 근육과
혀를 푸는 연습'을 해 봐요.

C**ontents** 목차

## Part I 어학연수 가지 않고 원어민처럼 중국어 하는 법

열정 심기

### Chapter 01 중국어의 열정 심기

잘못된 발음 교정하기

### Chapter 02 원어민처럼 발음하고 낭독하기

## Part 2 기초 회화 50으로 중국어 말문 트기

풍성한
열매 맺기

### Chapter 01 기본 문장



### Chapter 02 형용사와 在

## Chapter 09 특수 문형



## Chapter 10 명령문과 청유문

# Part 1

Q. 현정쌤이 어학연수 가지 않고도
원어민처럼 중국어를 하게 된
비결은?

그것은 바로..

임지력♡ + 머릿속 이미지 + 중얼중얼 거리기

=> 중국어로 놀기

# 어학연수 가지 않고 원어민처럼 중국어 하는 법

# Chapter 01

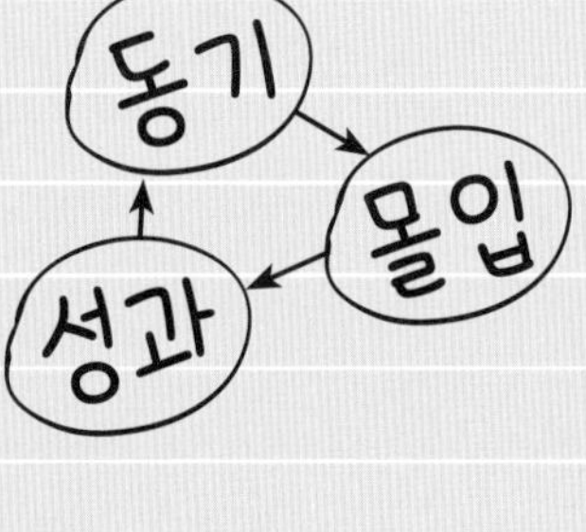

* 입 크게 말하는 연습*

"아~ 이~ 우~~"

국어책 읽듯이 말하지 말고

"발성/호흡/억양"에 주의해서!!

# 중국어의 열정 심기

현정쌤이 중국어에 푹 빠지게 된 계기, 그리고 어학연수 가지 않고도 원어민처럼 중국어를 할 수 있었던 비결을 소개합니다.

"
**안녕하세요!**
**중국어 선생님들의 발음 선생님,**
**중국어덕후 박현정입니다.**
"

**哈罗，大家好！** 중국어에 대한 관심과 열정으로 이 책을 펼치셨을 여러분을 환영합니다. 먼저 제 소개를 해 드릴게요. 저는 순수하게 중국어가 좋아서 지금까지 약 25년간 중국어를 공부해 온 학생이자, 중국어를 가르치는 선생님입니다. 25년 정도 한 분야에 몰두해 보니 제가 가진 노하우를 나눌 수 있을 만큼의 지식이 쌓인 것 같아요. 저는 대학 입학 전까지 중국에 한 달간 여행을 다녀온 것을 제외하면 오랜 기간 체류를 한 적이 없음에도 화교, 조선족이라는 오해를 받았어요. 외국어는 현지에 가야만 완벽하게 배울 수 있다고 많이들 생각하시지만, 제가 직접 경험해 본 바로는 현지에 가서 배우지 않아도 원어민처럼 외국어를 할 수 있다는 것이었습니다. 이 노하우가 무엇인지 여러분과 자세히 나누고 싶어서 책을 집필하게 되었습니다.

### 중국어가 안겨 준 특별한 경험들

✓ 2000, 2001년 한국외국어대학교 주최 전국 고등학생 외국어 대회 중국어 부문 입상(1위)

✓ 2002, 2004, 2005년 3년 연속 교육부 주최 전국 대학생 외국어 경시대회 중국어 부문 입상(1위)

✓ 중국 북경외국어대학교 대학원 석사 졸업(한국 정부 국비 장학생)

## 01 저는 이렇게 중국어를 시작했어요

본격적으로 중국어를 배우기 전에 먼저 중국어를 왜 배우는지에 대해 여러분과 이야기를 나누고 싶어요. 제 생각에 중국어는 다른 외국어에 비해 호와 불호가 뚜렷한 언어인 것 같아요. 아마도 국제 정세와 문화의 차이에서 오는 여러 상황들이 얽혀 있어서 그런 것 같습니다. 각 사람에게 중국에 대한 여러 가지 감정들이 있겠지만, 분명한 것은 중국이 미국과 일본만큼 우리나라와 많은 영향을 주고받는 나라라는 거예요. 그래서 많은 분들이 중국어를 배우고, 중국에 여행을 가고, 중국과 관련된 일을 하고 계시는 것 같습니다. 이 책을 보고 계신 우리 독자분들은 어떤 동기(또는 목적)로 중국어를 배우고 계신가요? 저는 좀 특별한 계기로 중국어를 배우기 시작했어요.

### 중국어에 대한 순수한 "동기"

- 임지령(林志颖) 팬심이 중국어로

초등학교 5학년 때 우연히 TV를 켰는데, 눈웃음이 너~무 예쁜 미소년이 노래를 부르고 있었어요. 알고 보니 임지령이라고 하는 대만 가수 겸 배우였어요. 지금은 우리나라 한류가 전세계적으로 인기가 있지만 90년대까지만 해도 아시아는 중국계(홍콩/대만) 배우들의 인기가 엄청났답니다. 저는 TV에서 임지령을 보고 푹 빠졌고 그때부터 그의 노래로 시작해서 중국, 대만, 홍콩 노래를 전부 듣고 따라불렀어요.

중국어는 이렇게 자연스럽게 다가왔어요. 노래 가사가 궁금해서 백과사전에 있는 한자들을 보는대로 외웠거든요. 제가 중국어에 관심을 가진 것은 나중에 커서 임지령과 결혼하겠다는 순진한 마음 때문이었어요. 시작은 임지령이었지만 그 후로는 중국어 발음이 너무 예쁘게 들려서 중국어에 더 빠졌답니다. 저는 그때 임지령을 만나지 않았더라면 지금 무엇을 하고 있었을까 생각해요. 아마 굉장히 다른 삶을 살고 있었을 거예요. 이처럼 어떤 일을 시작하는 동기(또는 목적)는 그 일을 지속하게 하는 원동력이 되는 것 같아요.

## 10,000시간을 이룬 "몰입"

- 매일 6~7시간 중국어

줄곧 혼자 공부하다가 누군가에게 정식으로 중국어를 배운 것은 중학교 2학년 때부터였어요. 순수한 목표가 생겨서 그런지 5년간 학원을 하루도 빠지지 않았답니다! 그때만 해도 중국어에 관심 있는 사람들이 많지 않아 고급 과정으로 갈수록 수업이 금방 폐강됐기 때문에 여러 학원을 옮기며 중국어를 배웠어요. 저는 시험 대비가 아니라 중국어를 하는 게 좋아서 다닌 것이라 원어민 회화 수업을 주로 들었고, 나머지 시간에는 혼자 공부했어요. 아마 거의 하루에 6~7시간 정도 중국어에 몰입했던 거 같아요. 계산해 보니 대학 입학 전까지 거의 10,000시간을 중국어와 함께 했더라고요.

순수한 목표가 중국어에 몰입하게 만들었고 이 몰입을 통해 중국어 실력이 향상되었던 것 같습니다. 하지만, 여러분께 꼭 당부드리고 싶은 것은, 1만 시간이 목표가 아니라는 점이에요. '1만 시간'이라는 부담이 아니라 '나를 몰입하게 만들 동기/관심'이 여러분의 마음속에 심겨지면 좋겠습니다. 우리를 몰입하게 만들 그 한 가지 이유를 꼭 찾아보세요!

## 자신감을 준 가시적 "성과"

- 외국어 경시대회에 입상, 그리고 한국외국어대학교에 입학

고등학교에 들어가서도 중국어에 꾸준히 몰두했어요. 그러다가 대학교에서 주최하는 고등학생 외국어 경시대회에 참가해서 여러 번 상을 받았어요. 그중 한국외대에서 주최하는 대회의 일반고 부문에서 1위에 두 번 입상했기 때문에 중국어 특기자로 한국외대 중국어과에 입학하게 되었답니다. 외국어 경시대회의 상을 받기 위해 중국어를 열심히 한 것은 아니지만, 그래도 의미 있었던 이유는 제가 오랫동안 쏟은 노력과 열정에 대한 작은 성과이자 보상이었기 때문이에요. 이것이 당시 제게 긍정적인 자신감을 불어넣어 줬던 것 같아요.

여러분도 무언가에 관심을 갖고 꾸준히 몰입하게 되었다면, 그 다음에는 스스로를 격려해 줄 수 있는 눈에 보이는 성과를 내보시길 추천드려요. 이 가시적인 성과가 몰입도를 더욱 촉진시키는 자신감과 원동력이 되기 때문입니다.

# 02 저는 이런 방법으로 중국어를 배웠어요

## 외국어에 대한 마음가짐

- 외국어는 공부가 아니라 놀이

저는 중국어가 공부가 아니라 놀이라고 생각하는데, 재미있는 일화가 있어요. 중국어 학원에 다닌 지 얼마 안됐을 때, 수업을 마치고 반 사람들과 이런 저런 얘기를 나누고 있었어요. 그때 어떤 분이 제가 그날 수업 시간에 배운 내용을 중얼거리는 것을 보고 "왜 수업이 끝났는데 공부를 하느냐? 수업이 끝나면 그냥 다 끝난 것이다."라고 장난스레 말씀하셨어요. 저는 중국어를 '공부'한다고 생각한 적이 없었기 때문에 그 분의 말이 잘 이해되지 않았어요. 수업 시간이든 수업이 끝나고 나서든 중국어를 하는 것은 힘든 것이 아니라 즐거움이었거든요. 그래서 많은 사람들이 중국어가 공부이기 때문에 힘들게 느낀다는 것을 깨달았고, 이것은 제게 깊은 인상을 주었습니다.

이것은 제가 학생으로 중국어를 배우던 시절에도, 학원에서 중국어 강의를 하던 시절에도 어떤 자세로 중국어를 대해야 하는지 마음을 다잡게 한 계기가 되었어요. 만일 중국어가 공부가 된다면 의무감 때문에 그 부담감에서 벗어나려고 하지 빠져들 수가 없을 거예요. 하지만 중국어가 놀이가 된다면 즐거운 것이니 계속 하려고 할 겁니다.

### 이미지 상상법

- 머릿속 칠판에 문장파도 그리기

저는 수업에서 배운 책의 내용도 충실히 공부했지만, 그 외에 책에 나오지 않은 길지 않은 본문은 전부 종이에 적어서 버스를 타고 이동하면서 문장 단위로 완벽하게 외웠어요. 제가 중국어 문장을 암기한 방법은 머릿속을 칠판으로 만들어서 마치 파도치는 것처럼 문장을 시각화한 것입니다. 이렇게 한 문장을 파도처럼 연상한 뒤에는 중요한 단어를 다른 단어로 교체하면서 연습했어요. 이 문장파도가 중국어의 성조와 억양을 잘 나타내기 때문에 저는 이 방법을 지금도 사용해요. 중국어는 성조의 차이가 정확한 의미를 전달하고, 또 억양은 원어민같이 말하는 데 가장 핵심적인 요소이기 때문입니다. 이렇게 문장을 파도로 상상하던 훈련이 원어민처럼 발음할 수 있게 된 데에 큰 도움이 됐던 거 같아요.

### 입버릇 들이기

- 문자 외의 요소들을 자연스레 습득

그리고 중국어를 시작한 지 20년이 지난 지금까지도 저는 입으로 중얼거리면서 중국어를 연습해요. 이렇게 혼자 중얼거릴 때는 국어책 읽듯이 또박또박 읽으면 안 돼요. 제가 발음을 연습하는 중요한 Tip 중의 하나는 늘 누군가에게 직접 말하듯이 진짜 그 상황인 것처럼 '연기자'가 되는 거예요. 이게 너무 재미있어서 저는 지금도 광고 카피나 드라마 대사 더빙을 취미로 하고 있어요. 이런 연습은 언어를 단순히 눈으로만 익히는 게 아니라, 입으로, 귀로, 머릿속 이미지로 실감나게 익히도록 만듭니다. 그러니까 문자 외의 요소들, 정확한 발음과 발성/호흡/억양 등 원어민처럼 말하는 데 필요한 언어 감각들 있잖아요. 이런 감각을 키우는 데에는 소리 내어 중얼거리는 것만큼 좋은 연습이 없답니다.

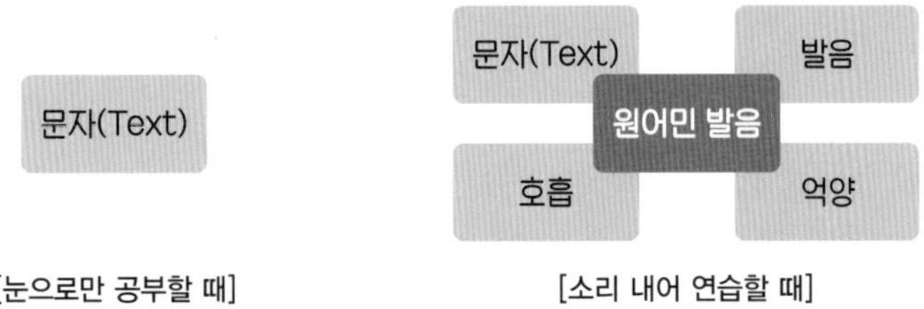


## 중국어다운 발음 연습

- 중국어 발음 원리에 대한 감각을 장착

중국어 발음은 한국어와 너무 달라요. 발음하는 혀의 위치, 입모양, 소리가 만들어지는 부분과 방법이 다 다르기 때문에, 한국어 발음에 익숙해진 상태에서는 중국어 발음을 제대로 낼 수가 없습니다. 특히 제가 가장 중요하게 생각한 것은 발성 방법, 입모양 그리고 미세한 얼굴 근육의 차이였어요. 다음 장에서 원어민처럼 중국어를 하는 발음/낭독법에 대해 다루겠지만, 저는 개인적으로 한중일 세 나라의 언어 중에서 입모양을 상하좌우로 가장 많이 움직여야 하는 언어가 '중국어'라고 생각해요.

상하로만 조금 벌려도 되는 말이 아니라 상하좌우로 크게 벌려야 제대로 된 발음이 나오는 언어가 중국어인 것 같아요. 그래서 처음에는 입근육과 턱근육을 어색해 보일 정도로 많이 움직이고 혀의 위치를 잘 잡아야 정확한 발음을 찾을 수 있어요. 거울을 보면서 입모양을 관찰하며 연습하는 것도 좋은 방법이랍니다.

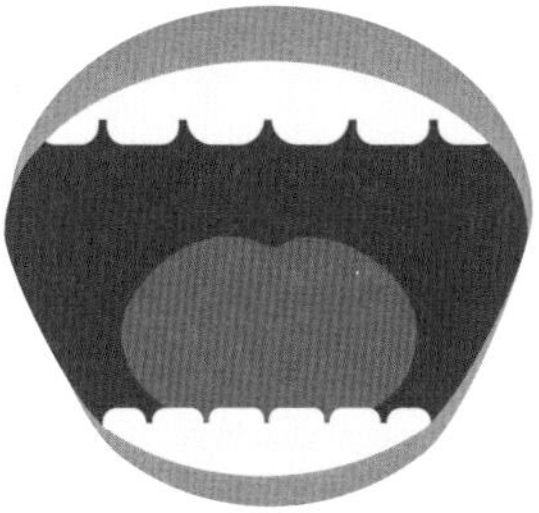

[입을 더 크게, 입근육과 턱근육을 사용해서!]

## 03 저는 이런 것이 중요한 것 같아요

### 생각의 전환

- 꼭 어학연수를 가야 잘하게 되는 것이 아니다

외국어 특기자로 대학에 입학하고 나서 동기들은 제가 화교(또는 조선족)이거나 부모님이 중국어를 아주 잘하는 분일 거라고 생각했대요. 또 중국에서 어릴 적에 오래 살았을 거라고 생각한 친구들도 있었어요. 그런데 재미있는 것은 저희 가족 중에 중국어를 하는 사람은커녕 중국과 관련된 일을 하는 사람이 한 명도 없었다는 거예요. 저는 대학 입학 전에 그러니까 중국인처럼 중국어를 한다는 이야기를 들을 때까지는 여행을 제외하고 중국에서 생활해 본 적이 없어요. 대학 입학 후에야 교환학생으로 중국에 6개월간 체류했고, 대학 졸업 후에 대학원 과정을 밟으며 중국에서 3년간 유학생활을 했어요.

토종 한국인으로 중국어를 잘할 수 있는 환경이 전혀 아니었음에도 중국어를 이만큼 해 보니, 자신있게 말할 수 있는 것은 외국어를 잘하기 위해서 꼭 비싼 유학 비용을 들여서 배워야 하는 것은 아니라는 것이에요. 물론 현지에서 배우면 그 나라의 문화와 다양한 사회 분위기를 느낄 수 있지만, 이것이 언어를 습득하기 위한 필수 조건은 아닌 거 같습니다.

## 외국어 실력 향상의 필수 조건

- 독학 80%▲ + 원어민과 실전 대화 20%▼

오랫동안 혼자서 공부해 보니 '독학은 뭘까'라고 생각해 본 적이 있습니다. 누가 독학으로 무엇을 마스터했다고 하면 사람들은 대단하다고 칭찬하잖아요. 그러면 '학원을 다니는 사람은 대단하지 않은 건가?'라는 물음이 생기더라고요. 저는 학원을 다니든 다니지 않든 이건 중요한 게 아니라고 생각합니다. 학원을 다녀도 좋고 특별 과외를 받아도 좋다고 생각해요. 다만, '꼭 저 선생님에게 배워야만 잘할 수 있어.'라거나 '꼭 그 나라에 가서 배워야만 잘할 수 있어.'라는 생각이 잘못된 거라고 생각해요. 누군가가 주입시켜 줘야만 된다고 생각하는 교육은 환경 탓, 사람 탓을 하게 마련이고, 상황은 늘 완벽하게 준비되지 않기 때문에 이것만 바라면 목표를 영원히 이룰 수 없을 거예요. 중요한 것은 누군가(상황)를 의존하지 않고 자발적으로 공부하는 것이에요. 저는 이것이 진정한 독학이라고 생각합니다. 중국어를 하면서 저는 늘 주도적이었고 자발적이었어요. 돌이켜 생각해 보면 제 중국어 실력은 8할이 자발적으로 한 연습이었고 2할이 배운 내용을 원어민과 실전 대화에서 응용해 본 것이었어요.

더 극단적으로 말하면 원어민이 주는 도움은 2할도 되지 않을지도 모릅니다. 현지에 가서 그 언어를 사용해 본 사람들은 알 거예요. 원어민들은 우리가 자기나라 말을 조금만 하면 "잘한다, 잘한다"하고 칭찬해 주거든요. 그들은 예의상 제가 한 말의 문법과 발음을 고쳐주는 것을 부담스러워해요. 원어민들은 제 중국어에 대한 기대치가 높지 않답니다. 정말로 나의 외국어 실력을 높이고 싶다면 원어민과 소통이 된다 정도의 수준에 만족하지 말고, 나 스스로 더 높은 기준을 가져야 해요.

## 의사소통을 가능하게 하는 발음

- 말만 통하면 되지, 발음은 대충해도 된다?

그동안 수업을 하면서 느낀 것은 정말 많은 사람들이 한국어를 할 때와 같은 방법으로 소리를 내고, 성조를 무시하거나 한 글자씩 딱딱 끊어서 읽는 습관을 가지고 있다는 거예요. 그리고 대부분 한국어식 억양을 중국어에 그대로 가지고 와서 말을 한다는 겁니다. 한국의 중국어 학습자들은 중국어 단어와 문법을 익히는 노력은 많이 하지만 직접 소리 내어 말하는 연습에는 많은 노력을 들이지 않는 거 같아요. 아마도 발음 연습은 혼자서 하기 어렵고, 또 말이 통하기만 하면 된다는 생각 때문인 것 같아요.

하지만 음길이를 짧게 해서 얼버무려 말하는 등의 한국어식 발음 습관은 듣는 사람으로 하여금 내 말을 알아듣지 못하게 만드는 큰 요인이 됩니다.
중국어를 이제 시작하는 분이라면 지금부터 발음을 정확하게 배우면 됩니다. 그런데 이미 중국어를 어느 정도 배운 분들은 다시 발음을 교정하는 것을 번거롭게 여길 수 있을 거예요. 하지만, 제가 수업을 하면서 학생들의 발음을 지도해 보니 발음 원리를 정확히 알면 이미 굳어진 발음도 원어민 발음으로 고쳐진다는 거예요. 우리가 한국어와 다른 중국어의 발음 원리를 모르기 때문에 제대로 된 발음을 낼 수 없는 것이에요. 모든 분들이 중국어 문법, 단어 수준이 높아지는 것처럼 발음 수준도 같이 향상되면 좋겠어요. 내 중국어 발음이 원어민처럼 향상되는 것은 특별한 사람들의 이야기가 아니랍니다.

## 발음과 더불어 중요한 것

- 중국어의 억양

그렇다면 한국식 중국어와 원어민식 중국어는 뭐가 다를까요? 여러 차이가 있겠지만, 저는 발음과 억양, 그리고 속도에서 드러난다고 생각해요. 그중 원어민이 제 말을 알아듣는 데 '억양'이 얼마나 중요한지 직접 경험한 일화가 있어요. 중국에서 대학원을 다니던 시절 친구와 택시를 탔는데 그 친구가 기사님에게 중국어로 말을 걸었어요. 그런데 기사님은 본인에게 말을 거는지 전혀 모르고 계셨고 제가 다시 중국어를 하고 나서야 알아들으셨어요. 당시 그 친구는 한국어를 하듯이 낮은 목소리로 중얼거리며 말했는데 이게 바로 중국어를 알아듣지 못하게 만든 이유였답니다.

저는 이 일을 통해서 중국어를 많이 알고 있다고 해도 원어민의 억양을 구사하지 못한다면 원어민으로 하여금 내가 하는 중국어를 못 알아듣게 한다는 것을 몸소 체험했어요. 바로 여기에 우리가 원어민의 억양을 습득해야 하는 이유가 있어요. 언어의 첫 번째 기능인 의사소통에 어려움이 생기기 때문입니다. 또 원어민의 억양을 구사할 줄 알아야 원어민이 하는 말을 정확히 이해할 수 있어요. 나는 중국어를 많이 배웠는데 제대로 된 억양을 구사하지 못한다는 이유로 중국인이 내가 하는 말을 중국어인지도 모른다면 자신감과 흥미가 점점 떨어질 겁니다.

이러한 억양의 차이는 주파수의 차이로도 나타납니다. 한국어는 500~2,200Hz의 주파수를 가지고 있고, 중국어는 1,000~3,300Hz의 주파수를 가지고 있다고 해요. 그래서 우리가 사용하는 주파수의 영역을 벗어나는 소리는 웅얼거림으로 들린다고 해요.

## 나에게 중국어란?

- 새로운 세상을 만나게 해 준 징검다리

음... 제게 중국어는요. 가족 다음으로 가장 중요한 대상이에요! 25년이 넘도록 제 삶의 대부분을 차지하고 있다고 해도 과언이 아니거든요. 중국어는 늘 좋아하는 취미였기 때문에, 스트레스를 받을 때는 중국어로 연기를 하거나 더빙을 하면서 풀었어요. 그래서 중국어가 저의 소중한 취미이자 친구라고 자신있게 말할 수 있는 거 같아요. 저는 모든 분들에게 저처럼 중국어를 좋아하고 푹 빠져야만 한다고 말씀드리는 것은 아니에요. 다만 '즐거운 동기'가 생기면 중국어가 억지로 하는 공부가 아니라, '즐겁게' 배워가는 과정이 될 수 있다는 것을 말씀드리고 싶었어요. 저희 독자분들에게도 중국어가 새로운 세상을 만나게 해주는 유익한 '징검다리'가 된다면 좋겠어요. 그렇게 된다면 이 징검다리를 건너 여러분의 재능을 무한한 영역으로 펼치게 될 거라고 확신합니다.

마지막으로 덧붙이고 싶은 말은 제가 중국어를 좋아했다고 해서 노력과 열정이 적게 들었다는 것이 아니에요. 오히려 좋아했기 때문에 정말 많은 노력과 열정을 쏟았답니다. 그래서 요즘 흔히 말하는 '몇 달 완성', '몇 개 패턴만 익히면 끝'이라는 말을 믿지 않으셨으면 좋겠어요. 외국어는 넓은 바다와 같아요. 물장구만 칠 줄 아는데 바다에서 헤엄칠 수 있다고 말하는 문구에 스스로를 속이지 않으셨으면 좋겠습니다. 내가 헤엄치는 만큼 넓은 바다로 나아갈 수 있으니까요.

저희 독자분들이 원어민같이 중국어를 하는 데에 이 책이 작은 디딤돌이 된다면 좋겠어요. 이 마음을 담아 한 자 한 자 집필하였습니다.

중국어덕후 박현정

## 중국어덕후 체크리스트

저의 중국어덕후 기질이 생생하게 느껴지셨나요? 이 책을 보고 있는 여러분에게도 중국어덕후 기질이 있는지 간단한 퀴즈로 알아볼게요!

❶ 나는 정주행한 중국(홍콩, 대만 포함) 드라마가 있다.

예 □ 아니오 □ 무엇: ______________________

❷ 나는 좋아하는 중국(홍콩, 대만 포함) 연예인이 있다.

예 □ 아니오 □ 누구: ______________________

❸ 내게 가장 기억에 남는 여행지 중의 한 곳은 중국이다.

예 □ 아니오 □ 어디: ______________________

❹ 나는 중국어가 예쁘게 들린다.

예 □ 아니오 □

❺ 나는 중국 사람을 만나면 말을 걸어 보고 싶다.

예 □ 아니오 □

**"위 질문에 4개 이상 '예'라고 답한 분들은**
**중국어덕후 자격이 충분합니다! :) "**

# Chapter 02

진짜 독학 = 혼자서 공부하는 것 X

자발적인 학습 O

(인강, 학원 ok)

Q. 원어민과 의사소통하려면?

발음 + 억양

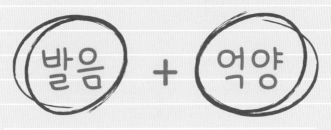

# 원어민처럼 발음하고 낭독하기

잡초를 뽑아야 씨앗이 건강히 뿌리내려 싹을 틔우듯이 먼저 잘못된 발음 습관을 버려야 정확한 발음 원리를 입에 장착시킬 수 있어요.

Chapter1을 통해 중국어에 대한 열정을 심으셨나요? 이제 원어민처럼 중국어를 하기 위한 발음/낭독 방법을 알아보겠습니다. 우선 그전에 우리의 중국어 발음이 안 좋은 6가지 이유를 살펴보고, 교정해야 할 발음/낭독 습관이 무엇인지 체크해 볼게요.

## 우리의 중국어 발음이 안 좋은 6가지 이유

❶ 한국어 자음과 모음의 **발음법(발음 방법/발음 부위)**을 고수한다.

❷ 한국어식 **억양**으로 중국어를 한다.

❸ 긴 호흡이 아닌 **짧은 호흡**으로 한 글자 또는 한 단어씩 **또박또박** 읽는다.

❹ **성조의 절대적인 높낮이**를 지나치게 의식하여 문장 안에서의 '상대적인 음높이'를 생각하지 못한다.

❺ 문장에서 특별한 단어마다 주어지는 **강약 조절**을 하지 않는다.

❻ **얼굴 근육**을 활발하게 사용하지 않는다.

## 우리가 함께 교정할 21가지 발음/낭독 습관

"이건 내 얘기인데..?"라고 생각한 곳에 체크(☑)하세요.

- ☐ ✕ 습관1 j와 z를 모두 'ㅈ'로 읽는다.
- ☐ ✕ 습관2 sh ch zh r을 혀를 돌돌 말아서 읽는다.
- ☐ ✕ 습관3 p와 f를 모두 'ㅍ'로 읽는다.
- ☐ ✕ 습관4 성모 L을 영어식으로 읽는다.
- ☐ ✕ 습관5 wen을 '원' 이라고 읽는다.
- ☐ ✕ 습관6 운모를 모두 같은 길이로 읽는다.
- ☐ ✕ 습관7 dui를 '뚜이' 라고 읽는다.
- ☐ ✕ 습관8 zhongguo를 '쭝궈/쫑궈' 라고 읽는다.
- ☐ ✕ 습관9 '2성+2성' 을 동일한 음높이로 읽는다.
- ☐ ✕ 습관10 '4성+4성' 을 동일한 음높이로 읽는다.
- ☐ ✕ 습관11 3성의 성조 변화를 반대로 또는 획일적으로 적용한다.
- ☐ ✕ 습관12 문장 끝의 3성을 모두 정확한 3성으로 읽는다.
- ☐ ✕ 습관13 경성을 모두 같은 음높이로 읽는다.
- ☐ ✕ 습관14 의미를 생각하지 않고 성조를 읽는다.
- ☐ ✕ 습관15 한국어처럼 또박또박 스타카토로 읽는다.
- ☐ ✕ 습관16 입속 공간을 크게 활용하지 않는다.
- ☐ ✕ 습관17 짧은 호흡으로 끊어서 읽는다.
- ☐ ✕ 습관18 한국어의 음절 길이처럼 짧게 얼버무려 읽는다.
- ☐ ✕ 습관19 핵심 정보를 강하게 읽지 않는다.
- ☐ ✕ 습관20 문장의 종류마다 다른 억양을 구별하지 않는다.
- ☐ ✕ 습관21 문장이 연결되는 억양을 주지 않는다.

**"나의 습관은 몇 개인가요? ( ________ 개)"**

# I 한어병음

한어병음은 표의문자인 한자의 중국어 발음을 표기하기 위해 1958년에 알파벳 로마자 표기법을 인용하여 제정된 중국어의 발음기호예요. 우리나라의 자음에 해당하는 성모, 모음에 해당하는 운모, 음의 높낮이를 나타내는 성조로 이루어져 있어요.

성모 · 성조

Hàn yǔ

운모

## 01 운모

운모는 단운모(입모양이 변하지 않는 소리), 복운모(입모양이 변하는 소리), 비운모(비음을 사용한 소리)로 나뉘고, 운모 i, u, ü가 다른 운모 앞에 결합한 결합운모가 있어요. 아래의 운모를 mp3를 듣고 따라해 보세요.

001

| | | |
|---|---|---|
| 단운모 | | a o e i u ǚ |
| 복운모 | | ai ei ao ou |
| 비운모 | | an en ang eng ong |
| 결합운모 | i 결합운모 | ia iao ie iu ian in iang ing iong |
| | u 결합운모 | ua uo uai ui uan un uang |
| | ü 결합운모 | üe üan ün |

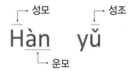

# 02 성모

중국어에는 21개 성모가 있어요. 아래의 성모를 괄호 안의 운모를 붙여서 읽어 보세요. j, q, x의 'i' 운모는 '이' 발음으로 읽고, zh, ch, sh, r, z, c, s의 'i' 운모는 '으' 발음으로 읽습니다.

002

| | | | | |
|---|---|---|---|---|
| **쌍순음, 순치음(f)** | b(o) | p(o) | m(o) | f(o) |
| **설첨중음** | d(e) | t(e) | n(e) | l(e) |
| **설근음** | g(e) | k(e) | h(e) | |
| **설면음** | j(i) | q(i) | x(i) | |
| **설첨후음(=권설음)** | zh(i) | ch(i) | sh(i) | r(i) |
| **설첨전음** | z(i) | c(i) | s(i) | |

# 03 성조

음절의 음의 높낮이를 성조라고 해요. 중국어에는 제1성(ā), 제2성(á), 제3성(ǎ), 제4성(à)이 있어요. mp3를 듣고 따라 읽어 보세요.

003

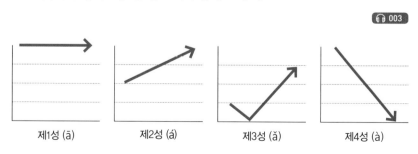

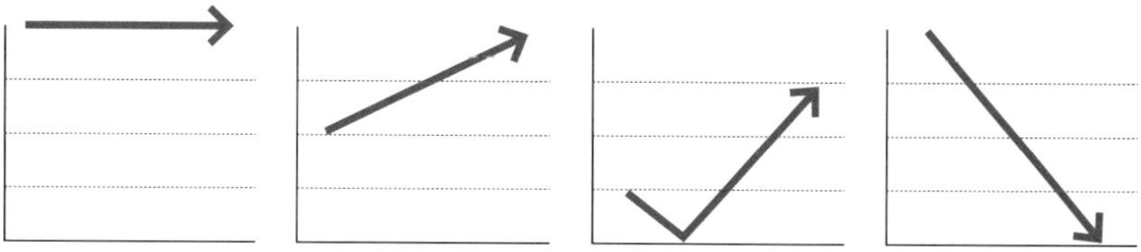

제1성 (ā) 제2성 (á) 제3성 (ǎ) 제4성 (à)

# Ⅱ 원어민처럼 발음하는 법

원어민은 어떻게 중국어를 발음할까요? 원어민의 발음법을 잘 이해하기 위해 한국 사람들이 가지고 있는 한국어식 중국어 발음 습관이 무엇인지 살펴보고, 이 습관에서 시작해서 어떻게 해야 '성모, 운모, 성조'를 원어민같이 발음할 수 있는지 알아보겠습니다.

## 01 성모 발음법

한국 사람들이 성모(声母)를 발음할 때 자주 실수하는 발음에는 설첨전음(z c s), 설면음(j q x), 권설음(zh ch sh r), 순치음(f) 등이 있어요.

### j q x와 z c s는 발음 부위가 다르다

✕ 습관1 j와 z를 모두 'ㅈ'로 읽는다.

요즘에는 기초 중국어 교재에 한글로 중국어 발음을 적는 경우가 많아요. 그래서 인지 많은 분들이 더 한국어식으로 '지, 치, 시', '즈, 츠, 스'라고 발음하시는 것 같아요. 하지만 j와 z, q와 c, 그리고 x와 s는 같은 발음처럼 들려도 발음 부위와 발음 방법이 엄연히 다릅니다. 발음 부위로 보면 'j, q, x'는 설면음(舌面音: 혀 윗면의 앞부분이 경구개에 근접해서 내는 소리)이고 'z, c, s'는 설첨전음(舌尖前音: 혀끝과 윗니 뒷부분에서 내는 소리)이에요. 발음 방법으로 보면 'j, q, z, c'는 파찰음이고 'x, s'는 마찰음이에요.

**성모의 발음 방법**

- 파찰음: 조음기관을 폐쇄시켜 공기를 압축했다가 천천히 내보내면서 마찰시키는 음 예) z, c, zh, ch, j, q
- 파열음: 조음기관을 완전히 폐쇄하였다가 기류를 내보내면서 파열시키는 음 예) b, p, d, t, g, k
- 마찰음: 조음기관이 좁혀진 사이로 공기를 천천히 내보내면서 마찰시키는 음 예) f, s, sh, r, x, h

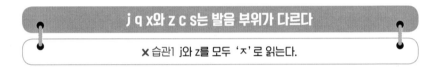

• j q x (설면음)는 ①입을 옆으로 벌리고 ②혀 앞면으로 ③입천장 앞쪽(경구개: 입천장이 단단한 부분)에 살짝 대었다 떼거나 근접하게 하여 내는 소리입니다.

• z c s (설첨전음)는 ①혀끝이 ②윗니의 벽에 닿아 있다가 떨어지거나 접근해서 나는 소리이고 ③혀가 평평한 상태로 나는 소리입니다.

**ji : zi　　qi : ci　　xi : si** 004

[ji와 zi, qi와 ci, xi와 si 발음 비교]

특히 아래 단어들은 학습자들이 자주 실수하는 부분인데 jiāotōng을 '자오통'이라고 읽는 분들이 계세요. zao와 jiao 발음을 구별해야 합니다.

읽어보기 ☑☐☐

zǎoshang　:　jiāotōng 005
(早上 아침)　(交通 교통)

한 가지 덧붙이면 'z'가 운모와 결합됐을 때 발음하기가 까다로운데요. 예를 들어 'zǒu'를 발음할 때, 혀가 성모 'z'의 발음 단계에서는 윗니 뒷쪽에 있다가 운모 'ǒu'의 발음 단계에서는 빠르게 뒤로 이동해야 해요. 이게 잘 안되면 한국식 발음으로 '조우'라고 하기 쉬워요. 이처럼 한 음절을 발음할 때는 혀가 성모 단계에서 운모 단계로 빠르게 이동해야 합니다.

읽어보기 ☑☐☐

Wǒ xiān zǒu le. 006
(我先走了。나 먼저 갈게.)

## sh ch zh r은 혀를 움푹하게

✕ 습관2 sh ch zh r을 혀를 돌돌 말아서 읽는다.

권설음(卷舌音, sh ch zh r)은 문자 그대로 보면 '혀를 말아서 내는 음'이라는 말이에요. 하지만 실제로 발음할 때는 혀를 돌돌 말아서 발음하지 않습니다. 권설음은 또다른 말로 설첨후음(舌尖后音) 또는 교설음(翘舌音)이라고도 하는데, ①혀끝을 입천장 앞부분(경구개)까지 ②치켜들어서 닿을 듯 말 듯하게 해서 발음해요. 혀를 치켜든 상태에서 ③숟가락처럼 움푹하게 만들면 정확한 발음을 낼 수 있어요.

zh　ch　sh　r　🎧 007

[zh, ch, sh, r 발음 비교]

이 권설음은 입을 좌우로 조금 더 늘려서 어정쩡한 형태로 만들면 자연스러운 발음이 나와요. 입 주위 근육을 충분히 움직이고 입의 모양과 정확한 혀 위치를 찾아서 연습해 보세요. 그리고 입을 앞으로 내밀어서 '우' 모양을 만들지 않도록 주의하세요.

읽어보기 ☑ ☐ ☐

🎧 008

| | |
|---|---|
| zhīdào<br>(知道 알다) | zìxíngchē<br>(自行车 자전거) |
| shuōhuà<br>(说话 말하다) | hánguórén<br>(韩国人 한국인) |

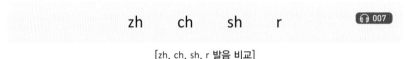

## 쉬운 듯하나 까다로운 p와 f

✕ 습관3 p와 f를 모두 'ㅍ'로 읽는다.

생각보다 많은 학습자 분들이 p와 f 발음을 혼동하세요. 한국어로 하면 'ㅍ'처럼 소리가 나는 것 같지만, 발음 부위와 발음 방법이 다릅니다. p(쌍순음)는 윗입술과 아랫입술이 접촉해서 나는 소리이고 파열음이에요. f(순치음)는 윗니와 아랫입술이 접촉해서 나는 소리이고 마찰음이에요.

- p (쌍순음)는 ①윗입술과 아랫입술을 ②가볍게 다물고 있다가 떼면서 내는 소리예요.

- f (순치음)는 ①윗니로 아랫입술을 ②가볍게 물고 있다가 ③기류가 이빨과 입술의 좁은 틈 사이로 나오면서 마찰하여 내는 소리예요.

009

p f

[p와 f 발음 비교]

읽어보기 ☑ ☐ ☐

010

| | |
|---|---|
| páshān | fǎguó |
| (爬山 등산하다) | (法国 프랑스) |

## 중국어 성모 L을 영어 L로 발음하지 않도록

**× 습관4 성모 L을 영어식으로 읽는다.**

중국어를 할 때 영어식 발음이 섞이는 경우도 있어요. 예를 들어 성모 'L'을 발음할 때인데, 영어와 중국어는 각각 발음하는 혀의 위치가 달라요. 중국어 성모 'L'은 혀끝을 펴서 윗잇몸에 댄 상태에서 소리를 내고, 영어 'L'은 그보다 앞쪽인 윗니와 윗잇몸이 만나는 지점에 붙여서 내는 발음이에요. 그리고 발음하는 방법도 다른데 영어 'L'은 상대적으로 가볍게, 중국어 'L'은 좀 더 무겁고 길게 지속해서 발음해요. 아래 예문에서 lan은 '란'이라고 하지 말고, '라-안'이라고 긴 음으로 읽으면 더 자연스러워요.

long　　lóng　　011

[영어 L과 중국어 L 발음 비교]

읽어보기 ☑ ☐ ☐

Tiānkōng hěn lán.　　012

(天空很蓝。하늘이 아주 푸르다.)

## 02 운모 발음법

운모(韵母)는 ü 발음도 까다롭지만, 여기에서는 많은 분들이 잘 인식하지 못하는 발음 습관을 위주로 살펴보겠습니다. 대표적으로 복운모, 결합운모, u 운모, 생략된 운모 등이 있어요.

### u 운모를 분명하게

✕ 습관5 wen을 '원' 이라고 읽는다.

u 운모는 단독으로 음절을 이루는 경우에는 u 앞에 w를 붙여야 해요(예: 五 wǔ). 그리고 앞에 다른 자음과 결합하지 않고 뒤에 다른 운모와 결합하는 경우에는 u를 w로 표기하는데 이러한 표기상의 차이로 학습자들이 정확하게 읽지 못하는 경우가 있습니다. 운모 'u'와 운모 'an'이 결합된 'uan'은 '완'이 아니라 '우-안'으로 발음해야 해요. 운모 'u'와 운모 'en'이 결합된 'uen'은 '원'이 아니라 '우-언'으로 발음해야 해요.

읽어보기 ☑ ☐ ☐

013

| | |
|---|---|
| u + an | wán<br>(完 끝나다) |
| u + en | wèn<br>(问 묻다) |

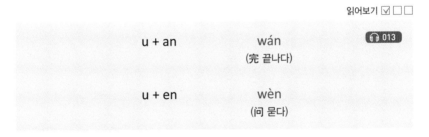

## 복운모와 결합운모는 음을 길게

**× 습관6 운모를 모두 같은 길이로 읽는다.**

복운모나 결합운모가 포함된 음절을 단독으로 발음할 때는 큰 어려움이 없지만, 뒤에 다른 음절이 이어질 때 운모의 마지막 부분을 생략하거나 모호하게 발음하는 경우가 많아요(예: jiāotōng '찌아통'). 또는 한국어의 이중운모를 읽을 때처럼 첫 번째 운모를 너무 짧게 읽는 경우가 있어요(예: jiā '쟈'). 하지만, 중국어의 복운모와 결합운모는 모두 한국어 음절의 길이보다 길게 발음해야 하고 마지막 운모까지 정확하게 발음해야 합니다.

ia　　iao　　🎧 014

['i+a'와 'i+a+o' 발음]

자, 그럼 복운모와 결합운모가 있는 단어를 읽어 볼게요. 너무 짧은 음으로 읽어서 '쟈, 샤멘', '찌아통, 랴리'로 읽지 않도록 주의하세요. (빨간색 부분을 모호하게 읽지 말고 정확하게 발음하세요.)

읽어보기 ☑ ☐ ☐

🎧 015

| | | |
|---|---|---|
| i + a | jiā<br>(家 집) | xiàmiàn<br>(下面 아래) |
| i + a + o | jiāotōng<br>(交通 교통) | liàolǐ<br>(料理 요리) |

## 결합운모(ui, un, iu)는 생략된 운모를 살려서

**× 습관7 dui를 '뚜이' 라고 읽는다.**

결합운모인 uei, uen, iou는 앞에 다른 성모와 결합하는 경우에 중간에 있는 e와 o를 생략해서 표기해요. 그래서 많은 분들이 e음과 o음이 없다고 생각하고 발음하지 않는 경우가 많아요. 하지만, 이것은 표기에 생략된 것이지 발음상으로는 조금씩 살려서 발음하는 것이 자연스럽습니다. 예를 들어 'duì(对), cūn(村), jiǔ(九)'는 각각 'e, e, o'가 표기상 생략되었어요. 아래의 발음을 연습하면서 duìbuqǐ를 '뛔부치' 혹은 '뚜이부치'라고 읽지 않도록 주의하세요.

uei　　uen　　iou　　016

[ui, un, iu 발음]

읽어보기 ☑ ☐ ☐

017

| | | |
|---|---|---|
| duèi<br>(对 맞다) | cūen<br>(村 마을) | jioǔ<br>(九 9) |

duìbuqǐ
(对不起 미안하다)

## ong 운모의 발음

✕ 습관8 zhongguo를 '쭝궈/쫑궈' 라고 읽는다.

많은 분들이 'ong' 운모를 발음하기 어려워하세요. 'ong'은 단독으로 쓰지 않고 앞에 성모와 결합한 채로 사용하기 때문에 이것 자체가 어떤 소리인지 파악하기 어렵습니다. 'ong' 발음은 우선 입모양을 'u'로 동그랗게 만든 상태에서 시작해요. (입을 내밀지는 않고 혀의 위치가 보통 u 발음보다 약간 낮아요.) 그리고 혀가 뒤로 가면서 혀의 뒷부분이 올라갑니다. 입은 처음에 동그란 모양에서 세로로 긴 모양이 되고 입술 양쪽 근육이 수축되는 것을 관찰할 수 있어요. 예를 들어 'zhong'은 한국말 '쫑/쭝'처럼 딱 떨어지는 음이 아니라, 좀 늘어지듯이 읽어야 해요. 다양한 성모가 결합된 'ong' 음절을 연습하면서 자연스러운 감각을 익혀 보세요.

| | | |
|---|---|---|
| 옹 | ong | 018 |

[한국어 '옹'과 중국어 'ong' 발음 비교]

읽어보기 ☑ ☐ ☐

| | | | |
|---|---|---|---|
| lóngzi<br>(笼子 새장) | gòngtóng<br>(共同 공동의) | Zhōngguó<br>(中国 중국) | 019 |

## 03 성조 발음법

周末你要做什么？(Zhōumò nǐ yào zuò shénme? 주말에 너는 뭐 할 거야?)라는 문장에는 4성이 세 번 출현합니다. 대부분 사람들은 이 세 개의 4성을 전부 똑같은 음높이로 발음하는데 그러면 AI가 읽어 주는 것처럼 들려요. 원어민처럼 말하기 위한 또 하나의 중요한 발음 요소는 성조는 절대적인 음높이가 아니다라는 거예요. 특히 동일한 성조가 연이어 나올 때 각 음을 동일한 음높이로 읽으면 부자연스럽게 들려요.

### 연속하는 2성을 읽는 법

× 습관9 '2성+2성'을 동일한 음높이로 읽는다.

2성이 연달아 나올 때는 동일한 음높이와 음길이로 읽기보다는 앞의 2성은 상대적으로 짧게 덜 올라가게 하고, 뒤의 2성은 길게 충분히 끌어올리며 읽어야 해요. 그리고 두 번째 2성은 첫 번째 2성보다 시작점이 더 높다는 것을 기억하세요. 만일 둘 다 완벽한 2성으로 읽는다면 음이 너무 길어져서 부자연스러워요. (앞의 2성이 좀 짧게 덜 올라간다고 해서 1성처럼 들리게 해서는 안 돼요.) 아래의 단어를 읽어 볼게요.

읽어보기 ☑ □ □

020

| tóuténg | tóngxué | huídá |
|---|---|---|
| (头疼 머리가 아프다) | (同学 반 친구) | (回答 대답하다) |

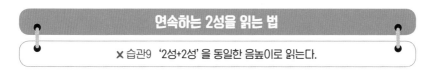

## 연속하는 4성을 읽는 법

✕ 습관10 '4성+4성'을 동일한 음높이로 읽는다.

4성이 연달아 나올 때도 연속하는 2성처럼 앞의 4성은 상대적으로 좀 짧고 덜 내려가게 읽고, 뒤의 4성은 빠르게 충분히 내려주며 읽어야 해요. 둘 다 같은 음높이로 읽는다면 그 부분만 강하고 길게 들릴 수 있어요. 그리고 주의할 점은 연속하는 4성은 전체적으로 빠르게 읽는 것이 자연스럽습니다. ('짜이찌엔~'으로 뒤의 음을 늘어지게 해서는 안 돼요.)

읽어보기 ☑ □ □

021

| | | |
|---|---|---|
| zàijiàn<br>(再见 잘 가) | mìmì<br>(秘密 비밀) | zhùyì<br>(注意 주의하다) |

## 연속하는 3성 읽는 법

✕ 습관11 3성의 성조 변화를 반대로 또는 획일적으로 적용한다.

3성은 한국 사람들이 가장 어렵게 생각하는 성조예요. 3성이 연달아 나오면 다른 성조와 결합되기 때문에 성조 변화에 따라 2성이나 반3성으로 변해요('3성+3성' → '2성+3성' | '3성+1/2/4성' → '반3성+1/2/4성'). 3성을 발음하는 것도 어려운데 성조 변화까지 신경 써야 하니 말할 때 긴장하게 됩니다. 성조 변화는 꾸준히 반복해서 연습해야 의식하지 않아도 발음이 입에 붙어요. 아래의 단어로 연습해 볼게요.

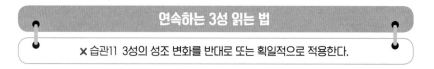

읽어보기 ☑ □ □

| lǐxiǎng<br>(理想 이상) | lǎobǎn<br>(老板 사장) | shuǐguǒ<br>(水果 과일) | 🎧 022 |
| --- | --- | --- | --- |

게다가 문장 안에서는 '3성+3성'을 성조 변화에 유의해서 정확하게 읽기가 더 까다로워요. 아래의 문장에서 '叫醒我(4성+3성+3성)'는 성조가 변해서 '4성+2성+3성'으로 읽어야 하는데, '4성+3성+2성'으로 잘못 읽는 경우가 있어요. 주의해서 읽어 보세요.

읽어보기 ☑ □ □

🎧 023

Nǐ zěnme bú jiàoxǐng wǒ?

(你怎么不叫醒我? 너 왜 나를 깨우지 않았어?)

또, 주의할 것은 '3성+3성'이라고 해서 일률적으로 '2성+3성'으로 성조가 변하는 것은 아니라는 점이에요. 특히 문장에서 강조하는 단어나 의미적으로 구분되는 부분이 있으면 그곳에서 잠시 쉰 다음 성조를 변화시켜 읽어야 해요. 아래 문장(3성+3성+3성+경성+3성)에서 앞의 3성들을 획일적으로 2성으로 다 바꾸어 읽으면 부자연스러워요. 여기에서는 我를 '반3성( ˇ )'으로 읽고 잠시 멈췄다가(△) 나머지 부분을 읽는 것이 자연스럽습니다.

읽어보기 ☑ □ □

🎧 024

(X) Wǒ hěn xǐhuan nǐ.

(O) Wǒ △ hěn xǐhuan nǐ.

(我很喜欢你。나는 너를 좋아해.)

## 마지막에 위치하는 3성 읽는 법

× 습관12 문장 끝의 3성을 모두 정확한 3성으로 읽는다.

우리가 일반적으로 알고 있듯이 3성은 다른 성조와 결합했을 때 2성이나 반3성으로 변해요('3성+3성' → '2성+3성' | '3성+1/2/4성' → '반3성+1/2/4성'). 이렇게 3성은 단독으로 읽지 않는 이상 3성의 성조가 그대로 발음되는 경우는 거의 없어요. 또한, 3성은 문장 끝에 위치할 때도 특히 강조하는 억양이 아닌 경우에는 '반3성'과 비슷하게 올라가는 음이 거의 없이 발음해야 자연스럽습니다. 중국어를 오래 배운 분들도 이 문장 끝에 위치한 3성을 원래 3성으로 읽어서 부자연스럽게 말하는 경우가 많아요. 문장 끝의 3성을 낮은 음으로 내렸다가 다시 올려주게 되면 길게 늘어진 것처럼 들려서 다른 음절과 조화가 되지 않습니다. 마지막 3성은 낮은 음으로 내려간 상태에서 멈춰 주는 음으로, 즉 '반3성'인 것처럼 연습하는 것이 좋아요. 다시 올리면 2성처럼 들릴 수 있기 때문이에요. 아래 단어로 연습해 보겠습니다.

읽어보기 ☑ ☐ ☐

025

kāfēiguǎn
(咖啡馆 커피숍)

Xiànzài jǐ diǎn?
(现在几点? 지금 몇 시야?)

Nǐ yǒu méiyǒu bǐ?
(你有没有笔? 펜이 있어요?)

## 자연스럽게 경성을 읽는 법

**× 습관13 경성을 모두 같은 음높이로 읽는다.**

경성은 원래 성조가 있는 글자를 특별한 조건에서 짧고 가볍게 읽는 성조를 말해요. 경성은 쉬운 것 같지만 생각보다 많은 분들이 경성을 너무 강하고 길게 발음해서 어색하게 들리는 경우가 많습니다. 경성 앞의 음을 길게 읽으면 뒤의 경성을 더 짧게 읽을 수 있으니 이 점을 기억해 두세요. 그리고 주의할 것은 경성 앞뒤에 어떤 성조가 오느냐에 따라 경성도 음높이가 상대적으로 달라진다는 점이에요.

026

1성+경성(반저) 2성+경성(중) 3성+경성(반고) 4성+경성(저)

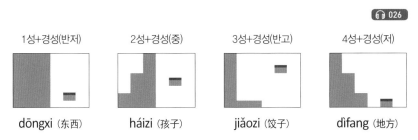

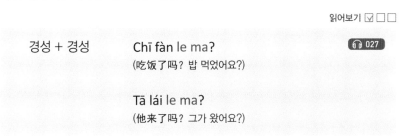

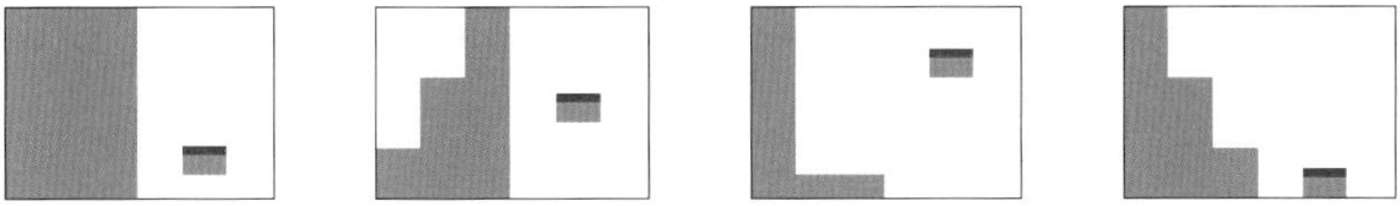

dōngxi (东西) háizi (孩子) jiǎozi (饺子) dìfang (地方)

그리고 경성이 연달아 나올 때의 음높이도 주의해야 합니다. 왜냐하면 이때 유독 성조가 있는 음처럼 길게 읽거나 강하게 읽는 경우가 있거든요. 이때는 경성 앞의 음들을 상대적으로 더 길게 늘여서 읽고, 연속하는 경성 음은 앞의 음의 절반 길이로 해서 빠르게 읽으면 자연스럽습니다.

읽어보기 ☑ ☐ ☐

경성 + 경성

027

Chī fàn le ma?
(吃饭了吗? 밥 먹었어요?)

Tā lái le ma?
(他来了吗? 그가 왔어요?)

## 상대적으로 약하게 읽는 성조

✕ 습관14 의미를 생각하지 않고 성조를 읽는다.

지금까지 단어 또는 문장 내에서 성조가 어떻게 자연스럽게 변하는지 살펴봤는데요. 자연스러운 발음 안에는 성조의 변화뿐만 아니라 약화되는 성조도 포함됩니다. 다시 말해서 실질적인 의미나 강조하는 내용이 아니라면 그 성조는 약화됩니다. 아래의 예문으로 살펴볼게요.

읽어보기 ☑ ☐ ☐

Yǒu shénme huà nǐ jiù zhíshuō ba. 028
(有什么话你就直说吧。할 말 있으면 바로 말해.)

이 문장은 가정 관계를 나타내는 접속사(如果, 要是 등)가 생략되었고 부사 就로 가정의 의미를 나타낸다는 것을 알 수 있어요. 문장은 '할 말 있으면(有什么话)+너는 그냥(你就)+바로 말해(直说吧)'라는 뜻으로, 여기에서 就는 강조의 용법이 아니기 때문에 약하게 읽습니다. 만일 강하게 읽는다면 어색하게 들릴 수가 있어요.

## 원어민 되는 발음 연습

029

아래의 음절을 반복해서 읽은 뒤 자신의 발음을 녹음해서 들어보세요.

| | 따라읽기 | 녹음하기 |
|---|---|---|
| ★ 성모(声母)에 주의해서 | | |
| ❶ zǎoshang (早上) | ☑☐☐ | ☐ |
| ❷ jiāotōng (交通) | ☑☐☐ | ☐ |
| ❸ shuōhuà (说话) | ☑☐☐ | ☐ |
| ★ 운모(韵母)에 주의해서 | | |
| ❹ liàolǐ (料理) | ☑☐☐ | ☐ |
| ❺ jiǔ (九) | ☑☐☐ | ☐ |
| ❻ duìbuqǐ (对不起) | ☑☐☐ | ☐ |
| ★ 성조(声调)에 주의해서 | | |
| ❼ tóuténg (头疼) | ☑☐☐ | ☐ |
| ❽ zàijiàn (再见) | ☑☐☐ | ☐ |
| ❾ Wǒ hěn xǐhuan nǐ. (我很喜欢你。) | ☑☐☐ | ☐ |
| ❿ Xiànzài jǐ diǎn? (现在几点？) | ☑☐☐ | ☐ |

**"내 발음을 직접 들어야 봐야**
**비로소 진정한 발음 교정이 됩니다.**
**부끄러워 마세요. :) 👍"**

# III 원어민처럼 낭독하는 법

원어민처럼 말하기 위해서는 병음과 성조를 잘 발음하는 것 외에도 발성, 호흡, 억양 등의 요소에 주의해야 해요. '발성, 호흡, 억양'에서 한국 사람들은 어떤 오류를 범하는지, 그리고 어떻게 해야 원어민처럼 중국어를 할 수 있는지 살펴보겠습니다.

## 01 발성

'발성'의 사전적 의미는 '호기(呼氣)에 의해 성대를 진동시켜 음성을 만들어 내는 생리현상으로 조음(調音)과 함께 말소리를 만들어낸다'는 뜻이에요. 이곳에서는 어떻게 소리를 내야 자연스러운 중국어가 되는지 쉬운 설명으로 살펴보겠습니다.

### 레가토로 음을 연결해서

✕ 습관15 한국어처럼 또박또박 스타카토로 읽는다.

중국어와 비교해 보면, 한국어는 한 글자씩 또박또박 끊어서 읽는 형태예요. 반면에 중국어는 영어처럼 음을 연결시켜서 발음해요. 다시 말해서 한국어가 스타카토처럼 들린다면 중국어와 영어는 레가토처럼 들려요. 세 언어의 문장을 비교해서 들어보세요.

030

나 배고파.
I am hungry.
我很饿。(Wǒ hěn è.)

- 레가토: 음악에서 계속되는 음과 음 사이를 끊지 말고 원활하게 연주하라는 지시
- 스타카토: 음을 하나하나 짧게 끊어서 연주하라는 지시

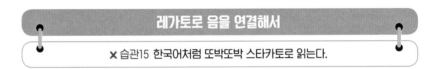

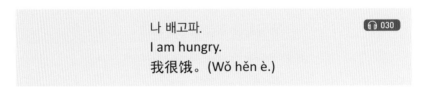

이 세 문장을 잘 들어보면, 영어와 중국어가 한국어보다 음을 더 길게 늘려서 발음한다는 것을 알 수 있어요. 이렇게 음이 연결되는 소리를 내기 위해서는 한 글자씩 읽고 숨을 내뱉는 것이 아니라 한 문장을 최대한 한 호흡에 읽어야 자연스럽게 연결시켜 읽을 수 있습니다.

## 입속 공간을 크게 해서

**✕ 습관16 입속 공간을 크게 활용하지 않는다.**

한국 사람이 한국어를 하는 것을 보면 대부분 입 안의 앞부분에서 입술 위주로 소리 내는 것을 관찰할 수 있어요. 하지만 중국어를 할 때도 이렇게 발음하면 울림이 있는 소리가 나오지 않아요. 중국어를 할 때는 입 안의 공간을 더 크게 만들어서 울림을 크게 하면 중국어에 더 어울리는 톤을 가질 수 있습니다.

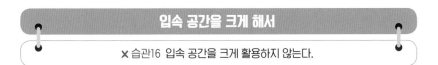

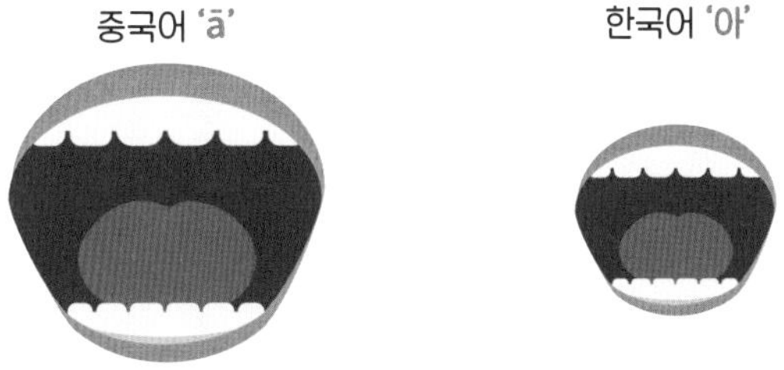


[중국어 'ā'와 한국어 '아'의 입속 공간 비교]

## 02 호흡

호흡도 중국어를 원어민처럼 하기 위해 주의해야 할 부분이에요. 만일 중국어를 말할 때 호흡을 짧게 유지한다면 글자마다 딱딱 끊어지게 읽거나, 음길이와 강약 조절을 하기 어려울 수 있습니다.

### 복식 호흡으로 문장을 한 호흡에 읽기

**× 습관17 짧은 호흡으로 끊어서 읽는다.**

대부분의 사람들은 문장을 읽을 때 한 글자 또는 한 단어씩 읽고 호흡을 하는데, 이렇게 하면 자연스럽게 연결되는 느낌이 들지 않아요. 한 호흡으로 문장을 읽기 위해서는 배에 힘을 주고 한번에 읽는 연습을 하는 것이 좋습니다.

자, 배를 손으로 지그시 누르면서 '아~' 해 보시겠어요? 배를 누르니 배에 힘이 들어가지 않나요? 그 느낌으로 배에 힘을 주고 말하는 연습을 해 보겠습니다. 문장 전체를 자연스러운 성조로 읽기 위해서 저는 이 복식 호흡이 굉장히 효과적이었어요. 그렇지 않고 배에 힘이 풀린 채 그냥 목소리로 문장을 읽으면 한 글자씩 끊으며 읽게 돼서 어색하게 들리더라고요. 아래 문장을 읽을 때 글자 사이에 연결음이 있다고 생각해서 채워 주는 느낌으로, 그러니까 한 호흡으로 읽어 볼게요.

읽어보기 ☑ ☐ ☐

031

Wǒ kànjiàn tā kū le.
→
(我看见她哭了。나는 그녀가 우는 것을 보았다.)

Tā huì yóuyǒng.
→
(他会游泳。그는 수영을 할 수 있다.)

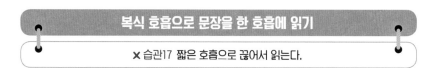

## 중국어 단어의 음길이는 한국어보다 길게

✕ 습관18 한국어의 음절 길이처럼 짧게 얼버무려 읽는다.

음길이는 많은 사람들이 생각하지 못하는 부분이에요. 실제 원어민과 대화할 때 음길이가 제대로 표현되지 않는 경우 역시 국어책을 읽는 듯한 발음이 됩니다.

읽어보기 ☑☐☐

Nǐ yǒu bìyào nàme jīdòng ma? 032
你有必要那么激动吗? (그렇게 흥분할 필요 있어?)

예를 들어 위 문장에서 한국어의 '필요'를 읽는 것처럼 '必要'를 빠르게 읽거나 모호하게 읽어 버리면 문장의 의미를 제대로 전달하기 어려워요. 중국어를 할 때는 '必要'를 다른 음보다 좀 더 길게 읽어야 문장이 자연스럽게 들립니다.
그리고 중국어의 한 음절의 길이는 한국어보다 긴 편이에요. 그렇기 때문에 중국어를 할 때는 한국어 음절 길이보다 더 길게 읽어야 자연스럽습니다. 중국어 속의 영어와 한국어 속의 영어를 예로 들면 아래의 문장 속 ABC를 중국어에서는 더 길게 읽는다는 것을 알 수 있어요.

읽어보기 ☑☐☐

Jù ABC diànshìtái bàodào 033
据ABC电视台报道 (ABC 방송국의 보도에 따르면)

한국어로 'ABC 방송국'이라고 할 때와 중국어로 'ABC电视台'를 비교해 보면 중국어에서의 'ABC'의 음길이가 더 길다는 것을 알 수 있습니다.

## 핵심 단어는 강하게, 비핵심 단어는 약하게

**✕ 습관19 핵심 정보를 강하게 읽지 않는다.**

한국 사람들이 중국어를 할 때 책을 읽듯이 생동감 없이 말하는 경우가 많은데, 이것의 또 다른 중요한 요인은 강약 조절이에요. 한 문장 안에서 핵심적인 단어는 강하게 읽고 그렇지 않은 부분은 약하고 빠르게 읽어야 입체적인 표현이 됩니다. 이 강약 조절은 마치 팽팽하게 잡아당겼다가 놓아 버리는 고무줄에 비유하면 이해에 도움이 될 거예요. 잡아당기는 동작은 강하고 좀 길게 읽는 것이고, 놓는 동작은 약하고 빠르게 읽는 것이에요. 짧은 문장으로 강약 조절에 대한 감각을 연습해 볼게요.

읽어보기 ☑ ☐ ☐

Nǐ **shì** wǒ **zuì** hǎo **de** péng**you**. 🎧 034
(你是我最好的朋友。 너는 나의 가장 좋은 친구야.)

구체적으로 설명하면, 你에서 힘을 줬다가 是에서 힘을 빼고, 다시 我에서 힘을 줬다가 最를 가장 강하게 읽은 뒤에 好的 부분은 조금 약하게, 그리고 朋友의 첫 글자에서 힘을 줬다가 友는 약하게 읽습니다. 이 문장에서 是과 的를 약하게 읽는 이유는, 是가 강조하는 용법으로 쓰이지 않았기 때문에 일반적으로 약하게 읽습니다. 그리고 的는 수식 관계를 나타내는 보조적인 역할을 하기 때문에 약하게 읽어요. 가장 강하게 읽는 부분은 '가장'이라는 뜻인 最인데 이것이 핵심 정보이기 때문이에요. 한국어에서도 '가장'을 강하게 읽는다는 것을 알 수 있어요.

강약 조절은 정해진 규칙이 있는 것이 아니지만 일반적으로 문장에서 강조하는 내용(=핵심 정보)이나 정도부사, 관형어 부분을 강하게 읽어요. 그리고 문맥에 따라 이것은 달라질 수 있습니다. 문장에 강약 조절이 되어야 의미 전달이 잘 되고 내 말을 듣는 원어민의 집중도도 높아져요. 또 이러한 강약 조절에 관한 감각을 가지면 드라마나 뉴스를 들을 때 핵심적인 내용만 선택적으로 들을 수 있는 요령이 생깁니다. 원어민처럼 말하는 실력뿐만 아니라 듣기 실력을 한층 높일 수 있는 비결이 바로 문장의 강약 조절이에요.

## 03 억양

억양은 말의 높낮이를 이용하여 여러 가지 정보를 전달해요. 중국어는 단어의 성조뿐만 아니라, 문장에서도 일정한 억양 특징이 있습니다. 원어민처럼 중국어를 하기 위해 어떠한 억양 스킬을 가져야 하는지 살펴볼게요.

### 문장별 계단식 억양

× 습관20 문장의 종류마다 달라지는 억양을 구별하지 않는다.

미국식 영어 발음에 관한 「미국식 영어 발음 집중 훈련(AAT)」을 보면 영어는 단어와 문장 차원에서 계단이 올라가고 내려가는 식의 억양이 표현된다고 해요. 예를 들어 'No'라는 단어도 실제 대화 속에서는 계단식 억양으로 읽어야 자연스럽게 들립니다.

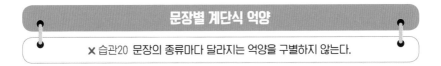

(출처: p19 「미국식 영어 발음 집중 훈련(AAT)」)

이 개념을 중국어에 적용해 보면, 중국어에는 성조가 있기 때문에 단어 차원뿐만 아니라 문장 차원에서도 이 계단식 억양이 생긴다고 볼 수 있어요. 중국어 단어의 성조만 주의하면 말을 잘할 수 있을 거라 생각할 수 있지만 실제로 그 외의 요소들(발성, 호흡, 음길이, 억양 등)에 주의해야 자연스러운 중국어가 돼요. 중국어는 문장의 끝부분에서 내려 주거나 올라가는 식의 계단식 억양이 생깁니다.
우선, 평서문은 문장의 끝부분을 한두 계단 정도를 내려 주는 느낌으로 읽으면 자연스러운 억양이 돼요. 문장의 끝에서 닫아 주는 느낌으로 소리가 점점 작아지고 내려가는 억양입니다.

★ **평서문** – 내려가는 억양

읽어보기 ☑ □ □

035

她是我的朋友。 → 的朋友。

Tā shì wǒ de péngyou.

(그녀는 제 친구예요.)

이 문장에서는 朋友의 朋에서 앞의 단어들보다 한 계단 내려온 뒤 友에서 한 계단 더 내려오면 평서문의 자연스러운 억양이 돼요. 각 성조를 상대적인 음높이로 억양을 조절한다고 생각하시면 좋습니다.

의문문은 의문사가 있는 의문문과 의문사가 없는 의문문의 억양이 달라요. 의문사가 있는 것은 내려가는 억양이고, 의문사가 없는 것은 올라가는 억양이에요. 다만 의문사가 있는 문장 중 특수한 경우에는 你叫什么名字来着? (네 이름이 뭐라고 했더라?)와 같이 올라가는 억양을 나타내기도 합니다.

★ 의문사가 있는 의문문 – 내려가는 억양

읽어보기 ☑ ☐ ☐

036

你叫什么名字? (이름이 뭐예요?)
Nǐ jiào shénme míngzi?

你去哪儿? (어디에 가요?)
Nǐ qù nǎr?

★ 의문사가 없는 의문문(吗의문문, 간접의문문, 정반의문문 등) – 올라가는 억양

읽어보기 ☑ ☐ ☐

037

你是韩国人吗? (한국인이세요?)
Nǐ shì hánguórén ma?

你知道他是谁吗? (그가 누구인지 알아요?)
Nǐ zhīdào tā shì sheí ma?

你能不能过来一下? (여기 좀 와 줄 수 있어요?)
Nǐ néng bu néng guòlái yí xià?

감탄문은 보통 내려가는 억양을 보여요. 감탄문의 끝부분을 올리면 긴가민가하는 어감이 돼서 일반적으로 내려가는 것이 자연스럽습니다.

★ 감탄문 – 내려가는 억양

읽어보기 ☑ ☐ ☐

038

今天天气太好了！(오늘 날씨가 너무 좋다!)
Jīntiān tiānqì tài hǎo le!

那该多好啊！(그럼 얼마나 좋아!)
Nà gāi duō hǎo a!

그리고 청유문과 명령문도 일반적으로 내려가는 억양을 취합니다.

★ 청유문과 명령문 – 내려가는 억양

읽어보기 ☑ ☐ ☐

039

我跟你一起去吧。(내가 너와 같이 갈게.)
Wǒ gēn nǐ yìqǐ qù ba.

你不要去。(너 가지 마.)
Nǐ bú yào qù.

종합해 보면, 평서문/감탄문/명령문이 일반적으로 내려가는 억양을 나타내는 것은 확고한 어감을 나타내기 때문임을 짐작할 수 있어요. 많은 분들이 문장 끝의 어기조사(了/啊/吧/嘛)의 음높이를 잘 잡지 못하는 경우가 많은데 이 문장의 계단식 억양을 염두에 두고 연습하면 문장 전체를 자연스럽게 말하는 데 도움이 될 겁니다.

## 문장과 문장을 연결해주는 억양

**× 습관21 문장이 연결되는 억양을 주지 않는다.**

대화에서 문장과 문장이 연결될 때, 그러니까 '내용의 반전이나 전환' 등이 있을 때는 자연스러운 억양으로 연결시켜야 해요. 문장과 문장이 연결되는 쉼표 부분에서 문장이 끝나서 마침표를 찍는 듯한 억양으로 말하는 것이 아니라 그 뒤의 내용이 잘 전달되도록 연결시켜 주는 억양이 있어야 해요. 한국어 문장 '그가 안 왔다'는 문장이 이미 끝났다는 것을 알 수 있는 반면, '그가 안 왔지만'은 문자적으로만 봐도 뒤에 이어지는 문장이 있을 거라고 예상하게 돼요. 그런데 중국어는 이 두 문장이 '他没有来'로 표현되기 때문에 문자만 봤을 때 뒤에 문장이 이어질 거라고 예상할 수가 없어요. 그래서 문장을 연결시켜 주는 억양이 있어야 자연스러운 대화가 됩니다.

읽어보기 ☑ ☐ ☐

Tā méiyǒu lái. 040
(他没有来。그가 안 왔다.)

Tā méiyǒu lái↗, dànshì wǒ méiyǒu shēngqì↘.
(他没有来，但是我没有生气。그가 안 왔지만 나는 화를 안 냈다.)

첫 번째 문장은 마지막의 '来'를 짧게 떨어지는 '2성'으로 읽고(단호한 메세지), 두 번째 문장은 '来'를 '2성'으로 읽되 음을 더 끌어 주며 문장이 이어진다는 정보를 줘야 해요(이어질 말을 기대하게 만듦). 그래야만 듣는 사람이 문장이 끝나지 않았음을 알고 계속 집중할 수가 있습니다. 우리는 문상이 아직 끝나지 않았다는 것을 억양으로 표현할 수 있어야 해요. 이렇게 문장을 연결해 주는 억양을 직접 구사하고 파악할 수 있으면 원어민이 빠른 속도로 말해도 더 많은 정보를 알아들을 수 있습니다.

위에서 문장을 연결하는 억양의 중요성을 이야기했다면, 이제는 문장 중간에서 쉬어 읽는 휴지(休止)에 대해 이야기해 볼게요. 한 문장 안에서는 억양을 더 살려 주기 위해 휴지를 둡니다. 아래에 복문과 단문을 예로 들어볼게요.

읽어보기 ☑ ☐ ☐

041

Jiùsuàn nǐ bù lái, △ wǒ yě méi guānxi.

(就算你不来，我也没关系。설사 네가 오지 않더라도 나는 괜찮아.)

Nǐ bù lái △ yě méi guānxi.

(你不来也没关系。네가 안 와도 괜찮아.)

두 번째 문장은 첫 번째 문장과 전달하는 내용이 같은 긴축문(紧缩句, 복문이 한 문장으로 긴축되어 이루어진 문장의 형태)이에요. 따라서 두 문장 모두 잠깐 쉬어 읽는 휴지와 억양이 비슷하게 표현됩니다. 두 번째 문장은 중간에 어디에서 잠깐 쉬어 읽어야 할까요? 첫 번째 문장과 마찬가지로 '你不来' 다음에 휴지를 주게 돼요. 보통 가정이나 조건을 나타내는 문장은 억양이 약간 올라가기 때문에 두 번째 문장도 동일하게 올려준 뒤 휴지를 주고 읽습니다.

## 원어민 되는 발음 연습

042

아래의 음절을 반복해서 읽은 뒤 자신의 발음을 녹음해서 들어보세요.

| | 따라읽기 | 녹음하기 |
|---|---|---|
| ❶ Nǐ yǒu bìyào nàme jīdòng ma?<br>你有必要那么激动吗？ | ☑☐☐ | ☐ |
| ❷ Nǐ shì wǒ zuì hǎo de péngyou.<br>你是我最好的朋友。 | ☑☐☐ | ☐ |
| ❸ Tā shì wǒ de péngyou.<br>她是我的朋友。 | ☑☐☐ | ☐ |
| ❹ Nǐ jiào shénme míngzi?<br>你叫什么名字？ | ☑☐☐ | ☐ |
| ❺ Nǐ shì hánguórén ma?<br>你是韩国人吗？ | ☑☐☐ | ☐ |
| ❻ Jīntiān tiānqì tài hǎo le!<br>今天天气太好了！ | ☑☐☐ | ☐ |
| ❼ Tā méiyǒu lái, dànshì wǒ méiyǒu shēngqì.<br>他没有来，但是我没有生气。 | ☑☐☐ | ☐ |
| ❽ Nǐ bù lái yě méi guānxi.<br>你不来也没关系。 | ☑☐☐ | ☐ |

**"녹음하는 이 순간만큼은**
**원어민이라고 상상해 보세요. :)"**

# Part 2

## Q. 중국어의 어순은?

주어 + 술어 + 목적어

### 〈중국어의 특징〉

- 한국어와 같이 형태가 변하지 않는다.
- 띄어쓰기를 하지 않는다.
- 예의 바른 표현은 있지만, 존댓말은 거의 없다.
- 중국어는 어순이 문법이다.

# 기초 회화 50으로 중국어 말문 트기

# Chapter 01

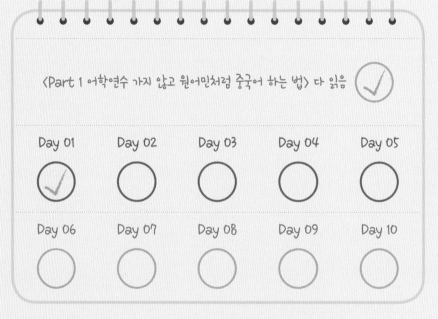

 덕후's 말하기 플랜

〈Part 1 어학연수 가지 않고 원어민처럼 중국어 하는 법〉 다 읽음 ✓

| Day 01 | Day 02 | Day 03 | Day 04 | Day 05 |
|--------|--------|--------|--------|--------|
| ✓ | | | | |

| Day 06 | Day 07 | Day 08 | Day 09 | Day 10 |
|--------|--------|--------|--------|--------|
| | | | | |

# 기본문장

**기초 중의 기초! 언어를 배울 때 가장 먼저 익히는 표현들**

# Day 01 나는 박지민이야

043

# 我叫朴智旻。

**Wǒ jiào Piáo zhìmín.**

나는 박지민이야.

덕후's 문법 자기소개를 하면서 이름을 말할 때 동사 叫(~라고 부르다)를 사용해요. 중국어는 「주어+동사+목적어」의 순서로 표현하기 때문에, '我(나는)+叫(~라고 해)+朴智旻(박지민)'이라고 말할 수 있어요.

**叫 + N(이름)** N이라고 부르다

- **我叫李敏浩。** 나는 이민호라고 해.
  Wǒ jiào Lǐ mǐnhào.
- **她叫金秀妍。** 그녀는 김수연이라고 해.
  Tā jiào Jīn xiùyán.

단어 我 wǒ 대 나/저 | 叫 jiào 동 ~라고 부르다, ~라고 하다 | 她 tā 대 그녀

덕후's 발음

## 원어민 되는 낭독 3단계를 시작해 볼까요?

🎧 044

★ mp3를 따라서 3번씩 낭독하세요.

### 1 단어 병음과 성조를 정확하게

☑☐☐

| Wǒ | jiào | Piáo | zhìmín |
|---|---|---|---|
| 我 | 叫 | 朴 | 智旻 |
| 나 | ~라고 하다 | 박 | 지민 |

### 2 단어+단어 성조 변화에 주의해서

☑☐☐

| Wǒ jiào | Piáo zhìmín |
|---|---|
| 我叫 | 朴智旻 |
| 나는 ~라고 하다 | 박지민 |

### 3 문장 리듬과 억양을 살려서

☑☐☐

**Wǒ jiào Piáo zhìmín.**

我叫朴智旻。

나는 박지민이라고 한다.

덕후's 대화

이렇게 대화할 수 있어요!

🎧 045

**你叫什么名字？**

Nǐ jiào shénme míngzi?

너 이름이 뭐야?

**我叫朴智旻。**

Wǒ jiào Piáo zhìmín.

나는 박지민이야.

什么 shénme 대 무엇, 무슨

名字 míngzi 명 이름

Day 02

# 그녀는 내 친구야

046

## 她是我朋友。

**Tā shì wǒ péngyou.**

그녀는 내 친구야.

더후's 문법

평소에 우리는 '무엇은 무엇이다'라고 자주 말하는데, 중국어에서는 이때 동사 是를 사용해요. 사람과 사물을 소개하거나 설명할 때 사용하는 동사예요. 그리고 '~이 아니다'라는 말은 是 앞에 不(~하지 않다)를 붙여서 不是라고 합니다.

**$N_1$ 是/不是 $N_2$** $N_1$은 $N_2$이다/아니다

- **我是韩国人。** 나는 한국인이야.
  Wǒ shì hánguórén.

- **他不是学生。** 그는 학생이 아니야.
  Tā bú shì xuésheng.

단어 是 shì 동 ~이다 | 朋友 péngyou 명 친구 | 韩国人 hánguórén 한국인 | 他 tā 대 그 | 不 bù 부 ~하지 않다 | 学生 xuésheng 명 학생

덕후's 발음

## 원어민 되는 낭독 3단계를 시작해 볼까요?

047

★ mp3를 따라서 3번씩 낭독하세요.

### 1 단어 병음과 성조를 정확하게

☑□□

| Tā | shì | wǒ | péngyou |
| --- | --- | --- | --- |
| 他 | 是 | 我 | 朋友 |
| 그 | ~이다 | 내 | 친구 |

### 2 단어+단어 성조 변화에 주의해서

☑□□

| Tā shì | wǒ péngyou |
| --- | --- |
| 他是 | 我朋友 |
| 그는 ~이다 | 내 친구 |

### 3 문장 리듬과 억양을 살려서

☑□□

**Tā shì wǒ péngyou.**

他是我朋友。

그는 내 친구이다.

덕후's 대화

## 이렇게 대화할 수 있어요!

048

**她是谁？**

Tā shì sheí?

그녀는 누구야?

**她是我朋友。**

Tā shì wǒ péngyou.

그녀는 내 친구야.

谁 sheí 대 누구

# Day 03 오늘은 5월 31일이야

049

# 今天五月三十一号。

**Jīntiān wǔ yuè sān shí yī hào.**

오늘은 5월 31일이야.

더후's 문법 날짜, 요일, 나이, 시간 등을 말할 때는 동사(是)를 쓰지 않고 생략해도 완전한 문장이 됩니다. 이런 문장을 명사술어문이라고 하는데, 부정할 때는 不是(아니다)를 써서 '今天不是5月31号。(오늘은 5월 31일이 아니야.)'라고 말해요.

**$N_1$(주어) + $N_2$(술어)** 명사술어문

- **今天星期二。** 오늘은 화요일이야.
  Jīntiān xīngqī èr.
- **我今年三十岁。** 나는 올해 서른 살이야.
  Wǒ jīnnián sān shí suì.

단어 今天 jīntiān 명 오늘 | 月 yuè 명 월 | 号 hào 명 일 | 星期二 xīngqī'èr 화요일 | 今年 jīnnián 명 올해 | 三 sān 수 3, 셋 | 十 shí 수 10, 열 | 岁 suì 양 세, 살

더후's 발음

## 원어민 되는 낭독 3단계를 시작해 볼까요?

050

★ mp3를 따라서 3번씩 낭독하세요.

### 1 단어 병음과 성조를 정확하게

☑☐☐

| Jīntiān | wǔ | yuè | sān | shí | yī | hào |
|---|---|---|---|---|---|---|
| 今天 | 五 | 月 | 三 | 十 | 一 | 号 |
| 오늘 | 5 | 월 | 3 | 10 | 1 | 일 |

### 2 단어+단어 성조 변화에 주의해서

☑☐☐

| Jīntiān | wǔ yuè | sān shí yī hào |
|---|---|---|
| 今天 | 五月 | 三十一号 |
| 오늘 | 5월 | 31일 |

### 3 문장 리듬과 억양을 살려서

☑☐☐

**Jīntiān wǔ yuè sān shí yī hào.**

今天五月三十一号。

오늘은 5월 31일이다.

더후's 대화

## 이렇게 대화할 수 있어요!

051

**今天几月几号？**
Jīntiān jǐ yuè jǐ hào?
오늘 몇 월 며칠이야?

**今天5月31号。**
Jīntiān wǔ yuè sān shí yī hào.
오늘은 5월 31일이야.

几 jǐ 수 몇

Day **04** 

# 나 급한 일이 있어

052

## 我有急事。

**Wǒ yǒu jíshì.**

나 급한 일이 있어.

덕후's 문법 가지고 있는 것('누구에게 무엇이 있다')이나 존재하는 것('어디에 무엇이 있다')을 말할 때는 동사 有(있다)를 사용해요. 부정할 때는 有 대신 没有(없다)를 씁니다.

**$N_1$ 有/没有 $N_2$** $N_1$은 $N_2$가 있다/없다

- **他有女朋友。** 그는 여자친구가 있어.
  Tā yǒu nǚpéngyou.

- **我没有现金。** 나는 현금이 없어.
  Wǒ méiyǒu xiànjīn.

단어 有 yǒu 동 있다 | 急事 jíshì 명 급한 일 | 女朋友 nǚpéngyou 명 여자친구 | 没有 méiyǒu 동 없다 | 现金 xiànjīn 명 현금

더후's 발음

## 원어민 되는 낭독 3단계를 시작해 볼까요?

053

★ mp3를 따라서 3번씩 낭독하세요.

### 1 단어 병음과 성조를 정확하게

☑☐☐

| Wǒ | yǒu | jí | shì |
|---|---|---|---|
| 我 | 有 | 急 | 事 |
| 나 | 있다 | 급하다 | 일 |

### 2 단어+단어 성조 변화에 주의해서

☑☐☐

| Wó yǒu | jí shì |
|---|---|
| 我有 | 急事 |
| 나는 ~이 있다 | 급한 일 |

### 3 문장 리듬과 억양을 살려서

☑☐☐

**Wó yǒu jíshì.**

我有急事。

나는 급한 일이 있다.

더후's 대화

이렇게 대화할 수 있어요!

054

**我有急事，先走了。**
Wǒ yǒu jíshì, xiān zǒu le.
나 급한 일이 있어. 먼저 갈게.

**好的，路上小心啊。**
Hǎo de, lùshang xiǎoxīn a.
알겠어. 조심히 가.

先 xiān 부 먼저, 우선

走 zǒu 동 걷다, 걸어가다

路上 lùshang 명 길 가는 중, 도중

小心 xiǎoxīn 동 조심하다

Day
# 05 저 질문이 있어요

055

## 我有一个问题。

**Wǒ yǒu yí ge wèntí.**

저 질문이 있어요.

덕후's 문법

컵 한 '개', 남자 한 '명'이라고 수량을 표현할 때는 수사 뒤에 양사를 씁니다. 「수사(一)+양사(个)+명사(问题)」의 순서로 말해요. 중국어는 양사가 다양한데 그 중 个(개/명)는 사람, 사물에 두루 쓸 수 있어요.

### 수사 + 양사 + 명사 명사의 수량 표현

- **我有两辆汽车。** 나는 자동차 두 대가 있어.
  Wǒ yǒu liǎng liàng qìchē.

- **这里有一个包包。** 여기에 가방이 있어.
  Zhèlǐ yǒu yí ge bāobāo.

단어 个 gè 양 개, 명(사물, 사람을 세는 단위) | 问题 wèntí 명 문제, 질문 | 两 liǎng 수 2, 둘 | 辆 liàng 양 대(차량을 세는 단위) | 汽车 qìchē 명 자동차 | 这里 zhèlǐ 대 이곳, 여기 | 包包 bāobāo 명 가방

덕후's 발음

## 원어민 되는 낭독 3단계를 시작해 볼까요?

056

★ mp3를 따라서 3번씩 낭독하세요.

### 1 단어 병음과 성조를 정확하게

☑☐☐

| Wǒ | yǒu | yī | ge | wèntí |
|---|---|---|---|---|
| 我 | 有 | 一 | 个 | 问题 |
| 나 | 있다 | 하나 | 개 | 질문 |

### 2 단어+단어 성조 변화에 주의해서

☑☐☐

| Wó yǒu | yí ge | wèntí |
|---|---|---|
| 我有 | 一个 | 问题 |
| 나는 ~가 있다 | 하나의 | 질문 |

### 3 문장 리듬과 억양을 살려서

☑☐☐

**Wó yǒu yí ge wèntí.**

我有一个问题。

나는 질문이 하나 있다.

덕후's 대화

이렇게 대화할 수 있어요!

057

**老师，我有个问题。**
Lǎoshī, wǒ yǒu ge wèntí.
선생님, 저 질문이 있어요.

**是什么？你说。**
Shì shénme? Nǐ shuō.
뭐니? 말해 보렴.

老师 lǎoshī 명 선생님

什么 shénme 대 무엇, 무슨

说 shuō 동 말하다, 이야기하다

# Review Day 01~05

★ 아래의 한국어를 중국어로 작문하고 소리 내어 읽어 보세요.

**01** 나는 리웨이나라고 해. (리웨이나 李维娜)

**02** 그는 미국인이야. (미국인 美国人)

**03** 오늘은 10월 2일이야. (10월 十月, 2일 二号)

**04** 나는 일이 있어. (일 事)

**05** 여기에 10개 펜이 있어. (펜 笔, 펜을 세는 양사 支)

정답 **01** 我叫李维娜。Wǒ jiào Lǐ wéinà. **02** 他是美国人。Tā shì měiguórén. **03** 今天十月二号。Jīntiān shí yuè èr hào. **04** 我有事。Wǒ yǒu shì. **05** 这里有十支笔。Zhèlǐ yǒu shí zhī bǐ.

# Read out

## 성모 z c

★ 绕口令(ràokǒulìng 잰말놀이)으로 발음 연습을 해 봅시다. 혀와 입술이 자유자재로 움직이도록 얼굴 근육을 먼저 풀고 시작하세요. 천천히 ☑☐☐ 빠르게 ☑☐☐

058

❶ ❷ ❸

**Zǎo chén zǎo zǎo qǐ,**

❹

**zǎo qǐ zuò zǎo cāo.**

**Wǒmen zuò zǎo cāo,**

**zuò cāo shēntǐ hǎo.**

❶ 3성 뒤에 1/2/4성/경성이 오면 앞의 3성은 반3성( ◡ )으로 바뀌어요.

❷ 3성 뒤에 3성이 오면 앞의 3성은 2성( ˊ )으로 바뀌어요.

❸ 특별하게 강조하는 경우가 아니라면 문장 끝의 3성은 반3성 정도로 읽어야 자연스러워요.

❹ cāo를 qiāo로 읽지 않게 주의하세요.

원문 早晨早早起，早起做早操。我们做早操，做操身体好。

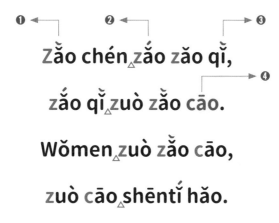

# Chapter **02**

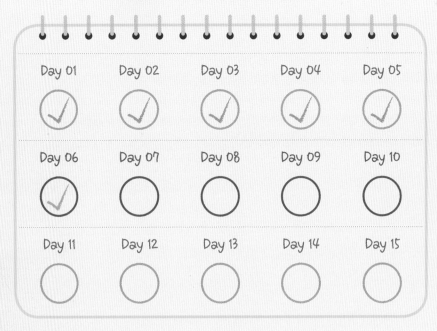

 덕후's 말하기 플랜

| Day 01 | Day 02 | Day 03 | Day 04 | Day 05 |
| ✓ | ✓ | ✓ | ✓ | ✓ |
| Day 06 | Day 07 | Day 08 | Day 09 | Day 10 |
| ✓ | ○ | ○ | ○ | ○ |
| Day 11 | Day 12 | Day 13 | Day 14 | Day 15 |
| ○ | ○ | ○ | ○ | ○ |

# 형 용 사 와 在

'좋다, 예쁘다' 등 상태를 묘사할 때, 그리고 장소를 말할 때 쓰는 표현들

## Day 06 이 시계가 아주 비싸

059

# 这个手表很贵。

**Zhè ge shǒubiǎo hěn guì.**

이 시계가 아주 비싸.

덕후's 문법 '무엇이 어떠하다'라고 상태나 성질을 묘사할 때는 형용사를 사용해요. 중국어에서는 형용사가 술어가 될 수 있는데 이런 문장을 형용사술어문이라고 합니다. 그리고 형용사 앞에는 정도를 나타내는 부사(很)를 보통 함께 써요.

**주어 + 술어(형용사)** 형용사술어문

- **他很帅。** 그는 아주 잘생겼어.
  Tā hěn shuài.
- **天气很好。** 날씨가 아주 좋아.
  Tiānqì hěn hǎo.

단어 这 zhè 대 이, 이것 | 手表 shǒubiǎo 명 손목시계 | 很 hěn 부 아주 | 贵 guì 형 비싸다 | 帅 shuài 형 잘생기다, 멋지다 | 天气 tiānqì 명 날씨 | 好 hǎo 형 좋다

덕후's 발음

## 원어민 되는 낭독 3단계를 시작해 볼까요?

060

★ mp3를 따라서 3번씩 낭독하세요.

### 1 단어 병음과 성조를 정확하게

☑☐☐

| Zhè | ge | shóubiǎo | hěn | guì |
|---|---|---|---|---|
| 这 | 个 | 手表 | 很 | 贵 |
| 이 | 개 | 시계 | 아주 | 비싸다 |

### 2 단어+단어 성조 변화에 주의해서

☑☐☐

| Zhè ge shóubiǎo | hěn guì |
|---|---|
| 这个手表 | 很贵 |
| 이 시계 | 아주 비싸다 |

### 3 문장 리듬과 억양을 살려서

☑☐☐

**Zhè ge shóubiáo hěn guì.**

这个手表很贵。

이 시계가 아주 비싸다.

덕후's 대화

이렇게 대화할 수 있어요!

061

**这个手表很贵。**
Zhè ge shǒubiǎo hěn guì.
이 시계가 아주 비싸.

**是吗？多少钱呢？**
Shì ma? Duōshao qián ne?
그래? 얼만데?

吗 ma 조 의문을 나타내는 조사

多少钱 duoshao qián 얼마예요?

Day

# 07 이 영화는 너무 지루해

062

## 这部电影太无聊了。

**Zhè bù diànyǐng tài wúliáo le.**

이 영화는 너무 지루해.

덕후's 문법 형용사는 보통 혼자 쓰지 않고 정도를 나타내는 부사를 그 앞에 붙여서 씁니다. 太는 '너무, 매우'라는 뜻인데 보통 문장 끝에 조사 了와 같이 써요. 또 '매우'라는 뜻의 非常도 자주 사용하는 정도부사예요.

**太 A (了) / 非常 A** 너무/매우 A하다

- **这个菜太好吃了。** 이 요리는 너무 맛있어.

  Zhè ge cài tài hǎochī le.

- **他的声音非常好听。** 그의 목소리가 매우 듣기 좋아.

  Tā de shēngyīn fēicháng hǎotīng.

단어 电影 diànyǐng 명 영화 | 太 tài 부 너무, 매우 | 无聊 wúliáo 형 무료하다, 지루하다 | 菜 cài 명 채소, 요리 | 好吃 hǎochī 형 맛있다 | 的 de 조 ~의 | 声音 shēngyīn 명 소리, 목소리 | 非常 fēicháng 부 대단히, 매우 | 好听 hǎotīng 형 듣기 좋다

덕후's 발음

## 원어민 되는 낭독 3단계를 시작해 볼까요?

063

★ mp3를 따라서 3번씩 낭독하세요.

### 1 단어 병음과 성조를 정확하게

☑☐☐

| Zhè | bù | diànyǐng | tài | wúliáo | le |
|---|---|---|---|---|---|
| 这 | 部 | 电影 | 太 | 无聊 | 了 |
| 이 | 편 | 영화 | 너무 | 지루하다 | (감탄) |

### 2 단어+단어 성조 변화에 주의해서

☑☐☐

| Zhè bù diànyǐng | tài wúliáo le |
|---|---|
| 这部电影 | 太无聊了 |
| 이 영화 | 너무 지루하다 |

### 3 문장 리듬과 억양을 살려서

☑☐☐

**Zhè bù diànyǐng tài wúliáo le.**

这部电影太无聊了。

이 영화는 너무 지루하다.

덕후's 대화

## 이렇게 대화할 수 있어요!

064

**那部电影好看吗？**
Nà bù diànyǐng hǎokàn ma?
그 영화가 재미있어?

**不好看，这部电影太无聊了。**
Bù hǎokàn, zhè bù diànyǐng tài wúliáo le.
재미없어. 이 영화는 너무 지루해.

部 bù 양 서적, 영화를 세는 단위

好看 hǎokàn 형 예쁘다, 재미있다

Day 08

# 오늘 좀 추워

065

## 今天有点冷。

**Jīntiān yǒudiǎn lěng.**

오늘 좀 추워.

덕후's 문법 '좀/약간 어떠하다'라고 말할 때는 형용사 앞에 **有点**(좀/약간)을 사용해요. **有点**과 함께 쓰는 형용사는 불만족을 나타내는 경우가 많습니다. 그래서 만족을 나타내는 형용사 **好**(좋다)에 쓰여 **有点好**라고 하지 않아요. 긍정적 의미를 가진 형용사는 **很**(아주), **比较**(비교적) 등의 정도부사와 함께 씁니다.

**有点 A** 좀 A하다

- **这个菜有点咸。** 이 음식은 조금 짜.
  Zhè ge cài yǒudiǎn xián.
- **他最近有点不开心。** 그는 요즘 조금 기분이 안 좋아.
  Tā zuìjìn yǒudiǎn bù kāixīn.

단어 有点(儿) yǒudiǎn 부 조금, 약간 | 冷 lěng 형 춥다 | 菜 cài 명 요리, 음식 | 咸 xián 형 짜다 | 最近 zuìjìn 명 최근, 요즈음 | 开心 kāixīn 형 유쾌하다, 즐겁다

덕후's 발음

## 원어민 되는 낭독 3단계를 시작해 볼까요?

066

★ mp3를 따라서 3번씩 낭독하세요.

### 1 단어 병음과 성조를 정확하게

☑ ☐ ☐

**Jīntiān** · **yǒudiǎn** · **lěng**

今天 오늘 / 有点 조금 / 冷 춥다

### 2 단어+단어 성조 변화에 주의해서

☑ ☐ ☐

**Jīntiān** · **yóudián lěng**

今天 오늘 / 有点冷 조금 춥다

### 3 문장 리듬과 억양을 살려서

☑ ☐ ☐

**Jīntiān yóudián lěng.**

今天有点冷。

오늘은 조금 춥다.

덕후's 대화

이렇게 대화할 수 있어요!

067

**今天有点冷。**

Jīntiān yǒudiǎn lěng.

오늘 좀 춥다.

**你多穿点儿衣服。**

Nǐ duō chuān diǎnr yīfu.

너 옷을 많이 입어.

多 duō 형 많다

穿 chuān 동 입다

一点儿 yìdiǎnr 조금

衣服 yīfu 명 옷

## Day 09 그녀는 학교에 있어

068

# 她在学校。

**Tā zài xuéxiào.**

그녀는 학교에 있어.

덕후's 문법 '누가/무엇이 어디에 있다'라고 존재하는 장소를 나타낼 때는 동사 在를 사용해요. 在 뒤에 장소를 붙이고, 부정할 때는 「不在+장소」라고 말합니다.

**$N_1$(사람) + 在 + $N_2$(장소)** $N_1$이 $N_2$에 있다

- **我在家。** 나는 집에 있어.
  Wǒ zài jiā.
- **你在哪儿？** 너 어디에 있어?
  Nǐ zài nǎr?

단어 在 zài 동 있다 | 学校 xuéxiào 명 학교 | 家 jiā 명 집 | 哪儿 nǎr 대 어디

덕후's 발음

## 원어민 되는 낭독 3단계를 시작해 볼까요?

069

★ mp3를 따라서 3번씩 낭독하세요.

### 1 단어 병음과 성조를 정확하게

☑☐☐

**Tā** · **zài** · **xuéxiào**

她 在 学校

그녀 ~에 있다 학교

### 2 단어+단어 성조 변화에 주의해서

☑☐☐

**Tā zài** · **xuéxiào**

她在 学校

그녀는 ~에 있다 학교

### 3 문장 리듬과 억양을 살려서

☑☐☐

**Tā zài xuéxiào.**

她在学校。

그녀는 학교에 있다.

덕후's 대화

## 이렇게 대화할 수 있어요!

070

**明明在哪儿？**

Míngmíng zài nǎr?

밍밍은 어디에 있어?

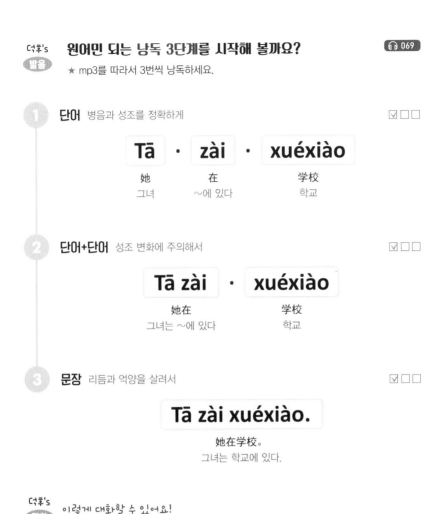

**她现在在学校。**

Tā xiànzài zài xuéxiào.

그녀는 지금 학교에 있어.

现在 xiànzài 명 지금, 현재

Day 10

# 나는 도서관에서 책을 봐

071

## 我在图书馆看书。

**Wǒ zài túshūguǎn kàn shū.**

나는 도서관에서 책을 봐.

더후's 문법 在는 동사뿐만 아니라 개사로도 쓰입니다. 동사 在는 '~에 있다'라는 뜻이고, 개사 在는 '~에서'라는 뜻으로 행동이 일어나는 장소를 나타내요. (※ 개사: 장소, 시간, 상태, 방식, 원인 등을 이끄는 전치사)

**在 N(장소) + V** N에서 V하다

- **他在便利店工作。** 그는 편의점에서 일해.
  Tā zài biànlìdiàn gōngzuò.
- **我在超市买菜。** 나는 마트에서 야채를 사.
  Wǒ zài chāoshì mǎi cài.

단어 在 zài 개 ~에서 | 图书馆 túshūguǎn 명 도서관 | 看书 kànshū 동 책을 읽다 | 便利店 biànlìdiàn 명 편의점 | 工作 gōngzuò 동 일하다 | 超市 chāoshì 명 마트 | 买 mǎi 동 사다

덕후's 발음

## 원어민 되는 낭독 3단계를 시작해 볼까요?

072

★ mp3를 따라서 3번씩 낭독하세요.

**1 단어** 병음과 성조를 정확하게 ☑☐☐

| Wǒ | zài | túshūguǎn | kàn | shū |
|---|---|---|---|---|
| 我 | 在 | 图书馆 | 看 | 书 |
| 나 | ~에서 | 도서관 | 보다 | 책 |

**2 단어+단어** 성조 변화에 주의해서 ☑☐☐

| Wǒ zài | túshūguǎn | kàn shū |
|---|---|---|
| 我在 | 图书馆 | 看书 |
| 나는 ~에서 | 도서관 | 책을 보다 |

**3 문장** 리듬과 억양을 살려서 ☑☐☐

**Wǒ zài túshūguǎn kàn shū.**

我在图书馆看书。

나는 도서관에서 책을 본다.

덕후's 대화

이렇게 대화할 수 있어요!

073

**你现在做什么？**

Nǐ xiànzài zuò shénme?

너 지금 뭐 해?

**我在图书馆看书呢。**

Wǒ zài túshūguǎn kàn shū ne.

나는 도서관에서 책을 봐.

做 zuò 동 하다

呢 ne 조 문장 끝에서 동작이 계속됨을 나타냄

## Review Day 06~10

★ 아래의 한국어를 중국어로 작문하고 소리 내어 읽어 보세요.

**01** 과일이 아주 싸. (과일 水果, 싸다 便宜)

**02** 오늘 너무 피곤해. (피곤하다 累)

**03** 머리가 조금 아프다. (머리 头, 아프다 疼)

**04** 선생님은 사무실에 계셔. (선생님 老师, 사무실 办公室)

**05** 그는 헬스장에서 운동해. (헬스장 健身房, 운동하다 锻炼身体)

정답 **01** 水果很便宜。Shuǐguǒ hěn piányi. **02** 今天太累了。Jīntiān tài lèi le. **03** 头有点疼。Tóu yǒudiǎn téng. **04** 老师在办公室。Lǎoshī zài bàngōngshì. **05** 他在健身房锻炼身体。Tā zài jiànshēnfáng duànliàn shēntǐ.

## Read out

# 운모 u

★ 绕口令(ràokǒulìng 잰말놀이)으로 발음 연습을 해 봅시다. 혀와 입술이 자유자재로 움직이도록 얼굴 근육을 먼저 풀고 시작하세요.

천천히 ☑☐☐ 빠르게 ☑☐☐

074

**Lú jiā yǒu ge lú,**

**Lǔ jiā yǒu ge hú.**

**Lú jiā de lú △ shāo diào le Lǔ jiā de hú,**

**Lǔ jiā de hú △ pèng suì le Lú jiā de lú.**

❶ jiā는 '짜/쨔'가 아니라 '찌-아'라고 읽어요.

❷ lú는 짧게 '루'라고 하면 2성처럼 들리지 않아요. '루-우'라고 하면서 길게 늘려서 올라가는 음을 만들어야 해요.

❸ 3성 뒤에 1/2/4성/경성이 오면 앞의 3성은 반3성( ◡ )으로 바뀌어요.

❹ 경성인 个(ge)와 的(de)는 앞의 글자를 충분히 길게 읽고 个와 的를 짧고 가볍게 읽어야 자연스러워요.

원문 卢家有个炉，鲁家有个壶。卢家的炉烧掉了鲁家的壶，鲁家的壶碰碎了卢家的炉。

# Chapter 03

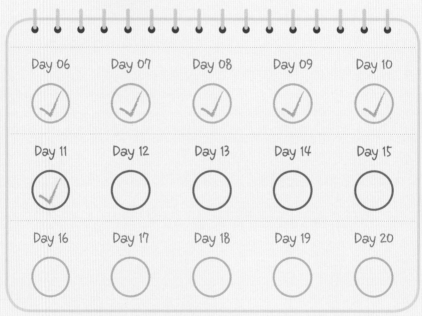

 덕후's 말하기 플랜

| Day 06 | Day 07 | Day 08 | Day 09 | Day 10 |
| ✓ | ✓ | ✓ | ✓ | ✓ |
| Day 11 | Day 12 | Day 13 | Day 14 | Day 15 |
| ✓ | | | | |
| Day 16 | Day 17 | Day 18 | Day 19 | Day 20 |
| | | | | |

# 동사와 조동사

행동을 말할 때, 소원/능력/허가를 말할 때 쓰는 표현들

Day 11

# 나는 물을 마실래

075

## 我要喝水。

**Wǒ yào hē shuǐ.**

나는 물을 마실래.

덕후's 문법

'~하려고 하다/~하기 원하다'라고 무엇을 하려는 의지나 원하는 것을 말할 때 조동사 要를 동사 앞에 사용해요. 예를 들어 看(보다)은 要看(보려고 한다)이 되고, 去(가다)는 要去(가려고 한다)가 돼요. 부정할 때는 不想(~하고 싶지 않다)을 사용합니다.

**要 V** V하려고 하다 / V하기 원하다

- **我要喝冰拿铁。** 나는 아이스라떼를 마실래.
  Wǒ yào hē bīng nátiě.
- **他要学汉语。** 그는 중국어를 배우려고 해.
  Tā yào xué Hànyǔ.

단어 要 yào 동 ~하려고 하다 | 喝 hē 동 마시다 | 水 shuǐ 명 물 | 冰拿铁 bīng nátiě 아이스라떼

덕후's 발음

## 원어민 되는 낭독 3단계를 시작해 볼까요?

076

★ mp3를 따라서 3번씩 낭독하세요.

### 1 단어 병음과 성조를 정확하게

☑☐☐

| **Wǒ** | **yào** | **hē** | **shuǐ** |
|---|---|---|---|
| 我 | 要 | 喝 | 水 |
| 나 | ~하려고 하다 | 마시다 | 물 |

### 2 단어+단어 성조 변화에 주의해서

☑☐☐

| **Wǒ yào** | **hē shuǐ** |
|---|---|
| 我要 | 喝水 |
| 나는 ~하려고 하다 | 물을 마시다 |

### 3 문장 리듬과 억양을 살려서

☑☐☐

**Wǒ yào hē shuǐ.**

我要喝水。

나는 물을 마시려고 한다.

덕후's 대화

이렇게 대화할 수 있어요!

077

**你要喝什么？**
Nǐ yào hē shénme?
너 뭐 마실래?

**我要喝水。**
Wǒ yào hē shuǐ.
나는 물을 마실래.

# Day 12 나는 중국에 가고 싶어

078

# 我想去中国。

**Wǒ xiǎng qù Zhōngguó.**

나는 중국에 가고 싶어.

덕후's 문법 '무엇을 하고 싶다'라고 바람을 나타낼 때 조동사 想을 동사 앞에 씁니다. 예를 들어 吃(먹다)는 想吃(먹고 싶다)가 되고, 买(사다)는 想买(사고 싶다)가 돼요. 부정할 때는 不想(~하고 싶지 않다)이라고 말해요.

**想 V** V하고 싶다

- **我想休息。** 나는 쉬고 싶어.
  Wǒ xiǎng xiūxi.
- **我想买平板电脑。** 나는 태블릿 PC를 사고 싶어.
  Wǒ xiǎng mǎi píngbǎn diànnǎo.

단어 想 xiǎng 동 ~하고 싶다 | 去 qù 동 가다 | 中国 Zhōngguó 지명 중국 | 休息 xiūxi 동 쉬다 | 平板电脑 píngbǎn diànnǎo 명 태블릿 PC

## 원어민 되는 낭독 3단계를 시작해 볼까요? 🎧 079

★ mp3를 따라서 3번씩 낭독하세요.

**1** **단어** 병음과 성조를 정확하게　　　　　　　　　　　　☑☐☐

| **Wǒ** · | **xiǎng** · | **qù** · | **Zhōngguó** |
|---|---|---|---|
| 我 | 想 | 去 | 中国 |
| 나 | ~하고 싶다 | 가다 | 중국 |

**2** **단어+단어** 성조 변화에 주의해서　　　　　　　　　　☑☐☐

| **Wǒ** · | **xiǎng qù** · | **Zhōngguó** |
|---|---|---|
| 我 | 想去 | 中国 |
| 나 | ~에 가고 싶다 | 중국 |

**3** **문장** 리듬과 억양을 살려서　　　　　　　　　　　　☑☐☐

### Wó xiǎng qù Zhōngguó.

我想去中国。
나는 중국에 가고 싶다.

더후's **대화** 이렇게 대화할 수 있어요!

🎧 080

**你想去哪儿？**
Nǐ xiǎng qù nǎr?
너 어디에 가고 싶어?

　　　　　　　　　　　　　　　**我想去中国。**
　　　　　　　　　　　　　　　Wǒ xiǎng qù Zhōngguó.
　　　　　　　　　　　　　　　나는 중국에 가고 싶어.

Day 13

# 나는 매운 걸 먹을 수 있어

081

# 我能吃辣。

**Wǒ néng chī là.**

나는 매운 걸 먹을 수 있어.

덕후's 문법 '무엇을 할 수 있다'라고 능력/가능성을 나타낼 때 조동사 能을 동사 앞에 씁니다. 예를 들어 做(하다)는 能做(할 수 있다)가 되고, 治(치료하다)는 能治(치료할 수 있다)가 돼요. 부정할 때는 不能(~할 수 없다)을 사용해요.

**能 V** V할 수 있다

- **他今天能来。** 그는 오늘 올 수 있어.
  Tā jīntiān néng lái.
- **这个药能治很多病。** 이 약은 많은 병을 고칠 수 있어.
  Zhè ge yào néng zhì hěn duō bìng.

단어 能 néng 동 ~할 수 있다 | 辣 là 형 맵다 | 药 yào 명 약 | 治 zhì 동 치료하다 | 病 bìng 명 병

덕후's 발음

## 원어민 되는 낭독 3단계를 시작해 볼까요?

082

★ mp3를 따라서 3번씩 낭독하세요.

### 1 단어 병음과 성조를 정확하게

☑☐☐

**Wǒ · néng · chī · là**

| Wǒ | néng | chī | là |
| --- | --- | --- | --- |
| 我 | 能 | 吃 | 辣 |
| 나 | ~할 수 있다 | 먹다 | 매운 것 |

### 2 단어+단어 성조 변화에 주의해서

☑☐☐

**Wǒ néng · chī là**

| Wǒ néng | chī là |
| --- | --- |
| 我能 | 吃辣 |
| 나는 ~할 수 있다 | 매운 것을 먹다 |

### 3 문장 리듬과 억양을 살려서

☑☐☐

**Wǒ néng chī là.**

我能吃辣。

나는 매운 것을 먹을 수 있다.

덕후's 대화

이렇게 대화할 수 있어요!

083

**这个炒年糕有点儿辣。**
Zhè ge chǎoniángāo yǒudiǎnr là.
이 떡볶이는 좀 매워.

**没事，我能吃辣。**
Méishì, wǒ néng chī là.
괜찮아. 나는 매운 거 먹을 수 있어.

炒年糕 chǎoniángāo 떡볶이

没事 méishì 동 괜찮다, 상관없다

Day 14

# 나는 중국어를 할 줄 알아

084

# 我会说汉语。

**Wǒ huì shuō Hànyǔ.**

나는 중국어를 할 줄 알아.

더후's 문법

'무엇을 할 줄 알다'와 같이 배워서 할 줄 아는 능력을 말할 땐 조동사 会를 동사 앞에 사용합니다. 예를 들어 写(쓰다)는 会写(쓸 줄 알다)가 되고, 跳舞(춤추다)는 会跳舞(춤출 줄 알다)가 돼요. 부정할 때는 不会(~할 줄 모르다)를 사용해요.

**会 V** V할 줄 알다

- **我会开车。** 나는 운전을 할 줄 알아.
  Wǒ huì kāichē.
- **你会游泳吗？** 너는 수영을 할 수 있어?
  Nǐ huì yóuyǒng ma?

단어 会 huì 동 ~할 줄 알다 | 汉语 Hànyǔ 명 중국어 | 开车 kāichē 동 운전하다 | 游泳 yóuyǒng 동 수영하다

더후's 발음

## 원어민 되는 낭독 3단계를 시작해 볼까요?

085

★ mp3를 따라서 3번씩 낭독하세요.

### 1 단어 병음과 성조를 정확하게

☑☐☐

| Wǒ | · | huì | · | shuō | · | Hànyǔ |
|---|---|---|---|---|---|---|
| 我 | | 会 | | 说 | | 汉语 |
| 나 | | ~할 줄 알다 | | 말하다 | | 중국어 |

### 2 단어+단어 성조 변화에 주의해서

☑☐☐

| Wǒ | · | huì shuō | · | Hànyǔ |
|---|---|---|---|---|
| 我 | | 会说 | | 汉语 |
| 나 | | 말할 줄 알다 | | 중국어 |

### 3 문장 리듬과 억양을 살려서

☑☐☐

**Wǒ huì shuō Hànyǔ.**

我会说汉语。

나는 중국어를 할 줄 안다.

더후's 대화

이렇게 대화할 수 있어요!

086

**你会说汉语吗？**
Nǐ huì shuō Hànyǔ ma?
너 중국어 할 줄 알아?

**我不会说汉语。**
Wǒ bú huì shuō Hànyǔ.
나는 중국어를 할 줄 몰라.

Day 15

# 이 옷을 입어 보셔도 돼요

087

## 你可以试穿这件衣服。

**Nǐ kěyǐ shìchuān zhè jiàn yīfu.**

이 옷을 입어 보셔도 돼요.

덕후's 문법 '무엇을 해도 된다'라고 허가를 나타낼 때 조동사 **可以**를 동사 앞에 사용합니다. 예를 들어 尝(맛보다)은 **可以**尝(맛봐도 되다)이 되고, 看(보다)은 **可以**看(봐도 되다)이 돼요. 부정할 때는 不可以(~하면 안 되다)를 사용합니다.

**可以 V** V해도 되다

- **你可以坐这儿。** 너 여기에 앉아도 돼.
  Nǐ kěyǐ zuò zhèr.

- **我可以用这个吗？** 내가 이것을 사용해도 돼?
  Wǒ kěyǐ yòng zhè ge ma?

단어 可以 kěyǐ 동 ~할 수 있다, ~해도 된다 | 试穿 shìchuān 동 입어 보다 | 这 zhè 대 이, 이것 | 件 jiàn 양 벌(옷을 세는 단위) | 衣服 yīfu 명 옷 | 坐 zuò 동 앉다 | 这儿 zhèr 대 여기, 이곳 | 用 yòng 동 쓰다, 사용하다

덕후's 발음

## 원어민 되는 낭독 3단계를 시작해 볼까요?

088

★ mp3를 따라서 3번씩 낭독하세요.

### 1 단어 병음과 성조를 정확하게

☑☐☐

| Nǐ | kěyǐ | shìchuān | zhè | jiàn | yīfu |
|---|---|---|---|---|---|
| 你 | 可以 | 试穿 | 这 | 件 | 衣服 |
| 너 | ~할 수 있다 | 입어 보다 | 이 | 벌 | 옷 |

### 2 단어+단어 성조 변화에 주의해서

☑☐☐

| Nǐ | kéyǐ shìchuān | zhè jiàn yīfu |
|---|---|---|
| 你 | 可以试穿 | 这件衣服 |
| 너 | 입어 볼 수 있다 | 이 옷 |

### 3 문장 리듬과 억양을 살려서

☑☐☐

**Nǐ kéyǐ shìchuān zhè jiàn yīfu.**

你可以试穿这件衣服。

이 옷을 입어 봐도 된다.

덕후's 대화

이렇게 대화할 수 있어요!

089

**你可以试穿这件衣服。**
Nǐ kěyǐ shìchuān zhè jiàn yīfu.
이 옷을 입어 보셔도 돼요.

**谢谢，试衣间在哪儿？**
Xièxie, shìyījiān zài nǎr?
감사해요. 탈의실이 어디예요?

谢谢 xièxie 고맙습니다

试衣间 shìyījiān 탈의실

# Review Day 11~15

★ 아래의 한국어를 중국어로 작문하고 소리 내어 읽어 보세요.

**01** 나는 제주도에 갈 거야. (제주도 济州岛)

**02** 나는 아이패드를 사고 싶어. (사다 买, 아이패드 iPad)

**03** 나 그의 말을 알아들을 수 있어. (알아듣다 听懂)

**04** 저는 술을 못 마셔요. (술을 마시다 喝酒)

**05** 내 컴퓨터 써도 돼. (쓰다 用, 컴퓨터 电脑)

정답 **01** 我要去济州岛。Wǒ yào qù Jìzhōudǎo. **02** 我想买iPad。Wǒ xiǎng mǎi iPad. **03** 我能听懂他说话。Wǒ néng tīng dǒng tā shuōhuà. **04** 我不会喝酒。Wǒ bú huì hē jiǔ. **05** 你可以用我的电脑。Nǐ kěyǐ yòng wǒ de diànnǎo.

Read out

## 성모 sh

★ 绕口令(ràokǒulìng 잰말놀이)으로 발음 연습을 해 봅시다. 혀와 입술이 자유자재로 움직이도록 얼굴 근육을 먼저 풀고 시작하세요. 천천히 ☑☐☐ 빠르게 ☑☐☐

090

❶

Sì shì sì, shí shì shí,

shísì shì shísì, sìshí shì sìshí,

❷

shéi néng shuōzhǔn sìshí, shísì, sìshísì,

❸ ❹

shéi lái shì yī shì.

❶ si와 shi는 발음하는 혀의 위치가 달라요. 그래서 si와 shi가 이어지면 혀끝을 윗니 뒤에 붙였다가 떼어 입천장 앞쪽으로 빠르게 이동해야 해요.

❷ 3성 뒤에 1/2/4성/경성이 오면 앞의 3성은 반3성( ˇ )으로 바뀌어요.

❸ un 운모는 생략된 'e'음을 살려서(uen) 읽어야 자연스러워요.

❹ 동사 중첩에서의 一(Yī)는 1성을 경성( • )으로 읽어요.

원문 四是四，十是十，十四是十四，四十是四十，谁能说准四十，十四，四十四，谁来试一试。

# Chapter 04

 덕후's 말하기 플랜

| Day 11 | Day 12 | Day 13 | Day 14 | Day 15 |
| ✓ | ✓ | ✓ | ✓ | ✓ |
| Day 16 | Day 17 | Day 18 | Day 19 | Day 20 |
| ✓ | | | | |
| Day 21 | Day 22 | Day 23 | Day 24 | Day 25 |
| | | | | |

# 의문문

'몇, 얼마, 왜, 무엇, 어떻게' 등 구체적으로 질문할 때 쓰는 표현들

Day 16

# 너 몇 시에 수업이 끝나?

091

# 你几点下课?

**Nǐ jǐ diǎn xiàkè?**

너 몇 시에 수업이 끝나?

덕후's 문법

'몇 시'라고 시간을 물어볼 때 수를 물어보는 **几**(몇)와 시간을 나타내는 **点**(시)을 붙여서 **几点**(몇 시)이라고 말해요. '언제'라고 물을 때는 **什么时候**를 사용하며 「**几点/什么时候**+동사」의 형식으로 쓰여요. **几**는 **几点**(몇 시), **几个人**(몇 사람), **几岁**(몇 살) 등으로 말해요.

**几点/什么时候 V** 몇 시에/언제 V해요?

- **你几点回家?** 너 몇 시에 집에 와?
  Nǐ jǐ diǎn huíjiā?
- **我们什么时候出发?** 우리 언제 출발해?
  Wǒmen shénme shíhòu chūfā?

단어 几 jǐ 수 몇 | 点 diǎn 양 시 | 下课 xiàkè 동 수업이 끝나다 | 回家 huíjiā 동 집으로 돌아가다 | 什么时候 shénme shíhou 언제 | 我们 wǒmen 대 우리 | 出发 chūfā 동 출발하다

더후's 발음

## 원어민 되는 낭독 3단계를 시작해 볼까요?

🎧 092

★ mp3를 따라서 3번씩 낭독하세요.

### 1 단어 병음과 성조를 정확하게

☑☐☐

| Nǐ | · | jǐ | · | diǎn | · | xiàkè |
|---|---|---|---|---|---|---|
| 你 | | 几 | | 点 | | 下课 |
| 너 | | 몇 | | 시 | | 수업이 끝나다 |

### 2 단어+단어 성조 변화에 주의해서

☑☐☐

| Nǐ | · | jí diǎn | · | xiàkè |
|---|---|---|---|---|
| 你 | | 几点 | | 下课 |
| 너 | | 몇 시 | | 수업이 끝나다 |

### 3 문장 리듬과 억양을 살려서

☑☐☐

**Nǐ jí diǎn xiàkè?**

你几点下课?

너 몇 시에 수업이 끝나?

더후's 대화

## 이렇게 대화할 수 있어요!

🎧 093

**你今天几点下课?**
Nǐ jīntiān jǐ diǎn xiàkè?
너 오늘 몇 시에 수업 마쳐?

**六点下课。**
Liù diǎn xiàkè.
여섯 시에 수업이 끝나.

六 liù 수 6, 여섯

# Day 17 전부 얼마예요?

094

# 一共多少钱?

**Yígòng duōshao qián?**

전부 얼마예요?

더후's 문법 '얼마'라고 가격을 물어볼 때 수를 물어보는 의문대사 多少(얼마)와 돈을 나타내는 钱을 붙여서 多少钱이라고 말해요. 「명사+多少钱」의 형식으로 질문합니다.

**N 多少钱** N이 얼마예요?

- **多少钱一斤?** 한 근에 얼마예요?
  Duōshao qián yì jīn?
- **这个多少钱?** 이거 얼마예요?
  Zhè ge duōshao qián?

단어 一共 yígòng 명 전부, 모두 | 多少钱 duōshao qián 얼마예요? | 块 kuài 양 위안(중국 화폐 단위) | 斤 jīn 양 근(무게의 단위, 500g)

덕후's 발음

## 원어민 되는 낭독 3단계를 시작해 볼까요?

095

★ mp3를 따라서 3번씩 낭독하세요.

### 1 단어 병음과 성조를 정확하게

☑☐☐

**Yígòng** · **duōshao** · **qián**

一共 多少 钱

전부 얼마 돈

### 2 단어+단어 성조 변화에 주의해서

☑☐☐

**Yígòng** · **duōshao qián**

一共 多少钱

전부 얼마예요

### 3 문장 리듬과 억양을 살려서

☑☐☐

**Yígòng duōshao qián?**

一共多少钱?

전부 얼마예요?

덕후's 대화

## 이렇게 대화할 수 있어요!

096

**一共多少钱？**
Yígòng duōshao qián?
전부 얼마예요?

**一共一百块（钱）。**
Yígòng yì bǎi kuài (qián).
전부 100위안이에요.

百 bǎi 수 100, 백

Day 18

# 왜 잠을 안 자?

097

## 你为什么不睡觉？

**Nǐ wèishénme bú shuìjiào?**

왜 잠을 안 자?

덕후's 문법 '왜'라고 이유를 물어볼 때 의문대사 为什么를 사용해요. 「为什么+동사」의 형식으로 질문해요. 대답할 때는 접속사 因为를 써서 「因为(왜냐하면)+원인, 所以(그래서)+결과」로 말해요.

**为什么 V** 왜 V해요?

- 你为什么学习汉语？ 왜 중국어를 공부해?
  Nǐ wèishénme xuéxí Hànyǔ?
- 你为什么不吃饭？ 왜 밥을 안 먹어?
  Nǐ wèishénme bù chī fàn?

단어 为什么 wèishénme 대 왜 | 睡觉 shuìjiào 동 자다 | 学习 xuéxí 동 공부하다

더후's 발음

## 원어민 되는 낭독 3단계를 시작해 볼까요?

098

★ mp3를 따라서 3번씩 낭독하세요.

### 1 단어 병음과 성조를 정확하게

☑☐☐

| Nǐ | · | wèishénme | · | bù | · | shuìjiào |
|---|---|---|---|---|---|---|
| 你 | | 为什么 | | 不 | | 睡觉 |
| 너 | | 왜 | | 안 | | 자다 |

### 2 단어+단어 성조 변화에 주의해서

☑☐☐

| Nǐ | · | wèishénme | · | bú shuìjiào |
|---|---|---|---|---|
| 你 | | 为什么 | | 不睡觉 |
| 너 | | 왜 | | 안 자다 |

### 3 문장 리듬과 억양을 살려서

☑☐☐

**Nǐ wèishénme bú shuìjiào?**

你为什么不睡觉？

너는 왜 잠을 안 자?

더후's 대화

## 이렇게 대화할 수 있어요!

099

**你为什么不睡觉？**

Nǐ wèishénme bú shuìjiào?

왜 잠을 안 자?

**因为明天没有课，想玩游戏。**

Yīnwèi míngtiān méiyǒu kè, xiǎng wán yóuxì.

왜냐면 내일 수업이 없어서 게임하고 싶거든.

因为 yīnwèi 접 왜냐하면

明天 míngtiān 명 내일

课 kè 명 수업

玩游戏 wán yóuxì 게임을 하다

Day 19

# 뭐 먹는 걸 좋아해?

100

## 你喜欢吃什么?

**Nǐ xǐhuan chī shénme?**

뭐 먹는 걸 좋아해?

덕후's 문법

'무엇/무슨'이라고 물어볼 때 의문대사 什么를 사용해요. 「동사+什么(무엇을)」와 「什么(무슨)+명사」의 형식으로 쓰입니다. 그리고 동사 喜欢(좋아하다)은 명사뿐만 아니라 동사를 목적어로 둘 수 있어요. 예를 들어 喜欢你(너를 좋아하다), 喜欢喝咖啡(커피 마시는 걸 좋아하다)라고 말합니다.

**V 什么 / 什么 N** 무엇을 V해요? / 무슨 N?

- **你喜欢看什么?** 뭐 보는 걸 좋아해?
  Nǐ xǐhuan kàn shénme?
- **你喜欢什么颜色?** 무슨 색을 좋아해?
  Nǐ xǐhuan shénme yánsè?

단어 喜欢 xǐhuan 동 좋아하다 | 看 kàn 동 보다 | 颜色 yánsè 명 색

덕후's 발음

## 원어민 되는 낭독 3단계를 시작해 볼까요?

101

★ mp3를 따라서 3번씩 낭독하세요.

### 1 단어 병음과 성조를 정확하게

☑ ☐ ☐

| Nǐ | xǐhuan | chī | shénme |
|---|---|---|---|
| 你 | 喜欢 | 吃 | 什么 |
| 너 | 좋아하다 | 먹다 | 무엇 |

### 2 단어+단어 성조 변화에 주의해서

☑ ☐ ☐

| Nǐ | xǐhuan | chī shénme |
|---|---|---|
| 你 | 喜欢 | 吃什么 |
| 너 | 좋아하다 | 무엇을 먹다 |

### 3 문장 리듬과 억양을 살려서

☑ ☐ ☐

**Ní xǐhuan chī shénme?**

你喜欢吃什么?

너는 무엇을 먹는 것을 좋아해?

덕후's 대화

이렇게 대화할 수 있어요!

102

**你喜欢吃什么?**

Nǐ xǐhuan chī shénme?

너 뭐 먹는 걸 좋아해?

**我喜欢吃中国菜。**

Wǒ xǐhuān chī zhōngguócài.

나는 중국 음식 먹는 걸 좋아해.

中国菜 zhōngguócài 명
중국 음식

Day 20

# 넌 그녀가 어떤 거 같아?

103

# 你觉得她怎么样？

**Nǐ juéde tā zěnmeyàng?**

넌 그녀가 어떤 거 같아?

더후's 문법

'~이 어때?'라고 의견을 물어볼 때 의문대사 怎么样을 사용해요. 「명사+怎么样」의 형식으로 질문합니다. 그리고 동사 觉得(생각하다)는 일반적으로 문장(주어+술어)을 목적어로 둡니다. 觉得는 느낌이나 의견을 나타내기 때문에 단정적인 어감은 아니에요.

**N 怎么样** N이 어때요?

- **今天天气怎么样？** 오늘 날씨가 어때요?
  Jīntiān tiānqì zěnmeyàng?
- **你觉得汉语怎么样？** 너는 중국어가 어떻다고 생각해?
  Nǐ juéde Hànyǔ zěnmeyàng?

단어 觉得 juéde 동 ~라고 생각하다 | 怎么样 zěnmeyàng 대 어떠하다 | 天气 tiānqì 명 날씨 | 汉语 Hànyǔ 명 중국어

## 원어민 되는 낭독 3단계를 시작해 볼까요?

🎧 104

★ mp3를 따라서 3번씩 낭독하세요.

**1 단어** 병음과 성조를 정확하게    ☑☐☐

| Nǐ · | juéde · | tā · | zěnmeyàng |
|---|---|---|---|
| 你 | 觉得 | 她 | 怎么样 |
| 너 | ~라고 생각하다 | 그녀 | 어떠하다 |

**2 단어+단어** 성조 변화에 주의해서    ☑☐☐

| Nǐ juéde · | tā · | zěnmeyàng |
|---|---|---|
| 你觉得 | 她 | 怎么样 |
| 너는 ~라고 생각하다 | 그녀 | 어떠하다 |

**3 문장** 리듬과 억양을 살려서    ☑☐☐

### Nǐ juéde tā zěnmeyàng?

你觉得她怎么样?
너는 그녀를 어떻게 생각해?

이렇게 대화할 수 있어요!

🎧 105

**你觉得她怎么样?**
Nǐ juéde tā zěnmeyàng?
넌 그녀가 어떤 거 같아?

漂亮 piàoliang 형 예쁘
다

**我觉得她很漂亮。**
Wǒ juéde tā hěn piàoliang.
나는 그녀가 예쁘다고 생각해.

# Review Day 16~20

★ 아래의 한국어를 중국어로 작문하고 소리 내어 읽어 보세요.

**01** 너 몇 시에 도착할 수 있어? (도착하다 到)

**02** 왕복 비행기표가 얼마예요? (왕복 비행기표 往返机票)

**03** 너 왜 화를 내? (화를 내다 发脾气)

**04** 너 뭐 사고 싶어? (사다 买)

**05** 맛이 어때? (맛 味道)

정답 **01** 你几点能到？Nǐ jǐ diǎn néng dào? **02** 往返机票多少钱？Wǎngfǎn jīpiào duōshao qián? **03** 你为什么发脾气？Nǐ wèishénme fā píqì? **04** 你想买什么？Nǐ xiǎng mǎi shénme? **05** 味道怎么样？Wèidào zěnmeyàng?

## Read out



★ 绕口令(ràokǒulìng 잰말놀이)으로 발음 연습을 해 봅시다. 혀와 입술이 자유자재로 움직이도록 얼굴 근육을 먼저 풀고 시작하세요.

천천히 ☑☐☐ 빠르게 ☑☐☐

106

**Yī húlújiǔ, jiǔ liǎng liù,**

**yī húlúyóu, liù liǎng jiǔ.**

**Liù liǎng jiǔ de yóu**

**néng huàn△jiǔ liǎng liù de jiǔ,**

**jiǔ liǎng liù de jiǔ**

**néng huàn△liù liǎng jiǔ de yóu.**

❶ Yī(一)가 1/2/3성을 만나면 4성( ˋ )으로 바뀌어요.

❷ iu 운모는 생략된 'o'음을 살려서(iou) 읽어야 자연스러워요.

❸ 3성 뒤에 3성이 오면 앞의 3성은 2성( ˊ )으로 바뀌어요.

❹ 3성 뒤에 1/2/4성/경성이 오면 앞의 3성은 반3성( ˇ )으로 바뀌어요.

원문 一葫芦酒，九两六，一葫芦油，六两九。六两九的油能换九两六的酒，九两六的酒能换六两九的油。

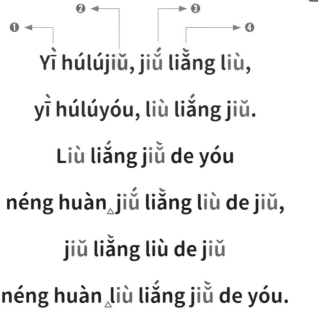

# Chapter 05

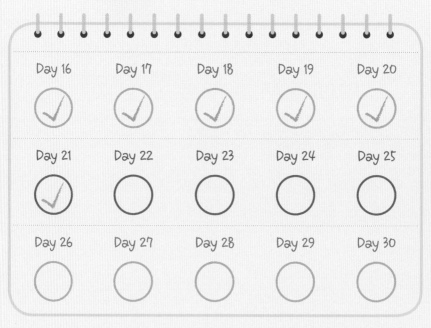

 덕후's 말하기 플랜

| Day 16 | Day 17 | Day 18 | Day 19 | Day 20 |
|--------|--------|--------|--------|--------|
| ✓ | ✓ | ✓ | ✓ | ✓ |

| Day 21 | Day 22 | Day 23 | Day 24 | Day 25 |
|--------|--------|--------|--------|--------|
| ✓ | | | | |

| Day 26 | Day 27 | Day 28 | Day 29 | Day 30 |
|--------|--------|--------|--------|--------|
| | | | | |

# 동작의 시간적 의미

**동작이 완료됐는지, 경험한 것인지, 진행 중인지 말할 때 쓰는 표현들**

Day 21

# 나는 노트북 한 대를 샀어

107

## 我买了一台笔记本电脑。

**Wǒ mǎi le yì tái bǐjìběn diànnǎo.**

나는 노트북 한 대를 샀어.

덕후's 문법 동작의 완료 또는 실현은 「동사+了」로 표현합니다. 이 뒤에 오는 목적어는 반드시 지시대사나 수량사 등의 수식어가 있어야 해요. 예를 들면 「동사了+수량사+목적어」의 형식으로 '我吃了一碗饭。(나 밥 한 공기를 먹었어.)'이라고 말해요.

**V 了** V했다

- **我买了一本书。** 나는 책 한 권을 샀어.
  Wǒ mǎi le yì běn shū.
- **我吃了两碗米饭。** 나는 밥 두 그릇을 먹었어.
  Wǒ chī le liǎng wǎn mǐfàn.

단어 了 le 조 ~했다(동작의 완료를 나타냄) | 台 tái 양 대(기계를 세는 단위) | 笔记本电脑 bǐjìběn diànnǎo 노트북 | 本 běn 양 권 | 书 shū 명 책 | 碗 wǎn 양 그릇, 공기 | 米饭 mǐfàn 명 밥

덕후's 발음

## 원어민 되는 낭독 3단계를 시작해 볼까요?

108

★ mp3를 따라서 3번씩 낭독하세요.

### 1 단어 병음과 성조를 정확하게

☑☐☐

| Wǒ | mǎi | le | yī | tái | bǐjìběn | diànnǎo |
|---|---|---|---|---|---|---|
| 我 | 买 | 了 | 一 | 台 | 笔记本 | 电脑 |
| 나 | 사다 | (완료) | 하나 | 대 | 노트북 | 컴퓨터 |

### 2 단어+단어 성조 변화에 주의해서

☑☐☐

| Wǒ | mǎi le yì tái | bǐjìběn diànnǎo |
|---|---|---|
| 我 | 买了一台 | 笔记本电脑 |
| 나 | 한 대를 샀다 | 노트북 컴퓨터 |

### 3 문장 리듬과 억양을 살려서

☑☐☐

**Wó mǎi le yì tái bǐjìběn diànnǎo.**

我买了一台笔记本电脑。

나는 노트북 컴퓨터 한 대를 샀다.

덕후's 대화

이렇게 대화할 수 있어요!

109

**这是什么？**
Zhè shì shénme?
이게 뭐야?

**我昨天买了一台笔记本电脑。**
Wǒ zuótiān mǎi le yì tái bǐjìběn diànnǎo.
나 어제 노트북 한 대를 샀어.

昨天 zuótiān 명 어제

Day 22

# 나는 훠궈를 먹어 본 적이 있어

110

## 我吃过火锅。

**Wǒ chī guo huǒguō.**

나는 훠궈를 먹어 본 적이 있어.

덕후's 문법 동작이 일어난 적이 있는 경험을 나타낼 때는 동사 뒤에 조사 过(~한 적이 있다)를 붙여요. 「주어+동사过+목적어」의 형식으로 씁니다.

**V 过** V한 적이 있다

- **我去过日本。** 나는 일본에 간 적이 있어.
  Wǒ qù guo Rìběn.
- **我看过这本书。** 나는 이 책을 본 적이 있어.
  Wǒ kàn guo zhè běn shū.

단어 过 guo 조 ~한 적이 있다(동작의 경험을 나타냄) | 火锅 huǒguō 명 훠궈 | 去 qù 동 가다 | 日本 Rìběn 지명 일본 | 看 kàn 동 보다, 읽다

덕후's 발음

## 원어민 되는 낭독 3단계를 시작해 볼까요?

111

★ mp3를 따라서 3번씩 낭독하세요.

### 1 단어 병음과 성조를 정확하게

☑☐☐

| Wǒ | chī | guo | huǒguō |
|---|---|---|---|
| 我 | 吃 | 过 | 火锅 |
| 나 | 먹다 | (경험) | 훠궈 |

### 2 단어+단어 성조 변화에 주의해서

☑☐☐

| Wǒ | chī guo | huǒguō |
|---|---|---|
| 我 | 吃过 | 火锅 |
| 나 | 먹은 적이 있다 | 훠궈 |

### 3 문장 리듬과 억양을 살려서

☑☐☐

**Wǒ chī guo huǒguō.**

我吃过火锅。

나는 훠궈를 먹은 적이 있다.

덕후's 대화

## 이렇게 대화할 수 있어요!

112

**你吃过中国菜吗？**
Nǐ chī guo zhōngguócài ma?
중국 음식을 먹어 본 적이 있어?

**我吃过火锅。**
Wǒ chī guo huǒguō.
나는 훠궈를 먹어 본 적이 있어.

Day 23

# 나는 아침밥을 안 먹었어

113

## 我没有吃早饭。

**Wǒ méiyǒu chī zǎofàn.**

나는 아침밥을 안 먹었어.

더후's 문법

동작이 일어나지 않았음을 나타낼 때는 부사 没有(~하지 않았다)를 붙여서 「没(有)+동사」로 표현합니다. 다시 말해서 '동사+了'의 부정형은 '没有+동사'예요. 이때 동사 뒤에는 동태조사 了를 쓰지 않아요. 또한 '동사+过'의 부정형은 '没有+동사过'로 표현합니다.

**没(有) V** V하지 않았다

- **她昨天没来学校。** 그녀는 어제 학교에 안 왔어.
  Tā zuótiān méi lái xuéxiào.

- **我昨晚没睡觉。** 나는 어젯밤에 잠을 안 잤어.
  Wǒ zuówǎn méi shuìjiào.

단어 没(有) méi(yǒu) 부 ~하지 않았다 | 早饭 zǎofàn 명 아침밥 | 来 lái 동 오다 | 学校 xuéxiào 명 학교 | 昨晚 zuówǎn 명 어제 저녁 | 睡觉 shuìjiào 동 자다

덕후's 발음

## 원어민 되는 낭독 3단계를 시작해 볼까요?

🎧 114

★ mp3를 따라서 3번씩 낭독하세요.

### 1 단어 병음과 성조를 정확하게

☑☐☐

| Wǒ | · | méiyǒu | · | chī | · | zǎofàn |
|---|---|---|---|---|---|---|
| 我 | | 没有 | | 吃 | | 早饭 |
| 나 | | ~하지 않았다 | | 먹다 | | 아침밥 |

### 2 단어+단어 성조 변화에 주의해서

☑☐☐

| Wǒ | · | méiyǒu | · | chī zǎofàn |
|---|---|---|---|---|
| 我 | | 没有 | | 吃早饭 |
| 나 | | ~하지 않았다 | | 아침밥을 먹다 |

### 3 문장 리듬과 억양을 살려서

☑☐☐

**Wǒ méiyǒu chī zǎofàn.**

我没有吃早饭。

나는 아침밥을 안 먹었다.

덕후's 대화

## 이렇게 대화할 수 있어요!

🎧 115

**我没有吃早饭，好饿啊。**
Wǒ méiyǒu chī zǎofàn, hǎo è a.
나 아침밥을 안 먹었어. 너무 배고파.

**我有巧克力，要吃吗？**
Wǒ yǒu qiǎokèlì, yào chī ma?
나 초콜릿 있는데 먹을래?

好 hǎo 부 아주

饿 è 형 배고프다

巧克力 qiǎokèlì 명 초콜릿

Day 24

# 나는 텔레비전을 보고 있어

116

# 我在看电视。

**Wǒ zài kàn diànshì.**

나는 텔레비전을 보고 있어.

덕후's 문법

동작이 진행중임을 나타낼 때는 부사 正在/在(~하고 있다)를 동사 앞에 사용합니다. 「正在/在+동사+(呢)」의 형식으로 사용해요.

## 正在/在 V  V하고 있다

- **我正在听音乐。** 나는 음악을 듣고 있어.
  Wǒ zhèngzài tīng yīnyuè.
- **她正在打电话。** 그녀는 전화를 하고 있어.
  Tā zhèngzài dǎ diànhuà.

단어 正在/在 zhèngzài/zài 부 ~하는 중이다 | 电视 diànshì 명 텔레비전 | 听 tīng 동 듣다 | 音乐 yīnyuè 명 음악 | 打电话 dǎ diànhuà 전화를 걸다

덕후's 발음

## 원어민 되는 낭독 3단계를 시작해 볼까요?

117

★ mp3를 따라서 3번씩 낭독하세요.

### 1 단어 병음과 성조를 정확하게

☑☐☐

**Wǒ** · **zài** · **kàn** · **diànshì**

| Wǒ | zài | kàn | diànshì |
| --- | --- | --- | --- |
| 我 | 在 | 看 | 电视 |
| 너 | ~하고 있다 | 보다 | 텔레비전 |

### 2 단어+단어 성조 변화에 주의해서

☑☐☐

**Wǒ zài** · **kàn diànshì**

| Wǒ zài | kàn diànshì |
| --- | --- |
| 我在 | 看电视 |
| 나는 ~하고 있다 | 텔레비전을 보다 |

### 3 문장 리듬과 억양을 살려서

☑☐☐

**Wǒ zài kàn diànshì.**

我在看电视。

나는 텔레비전을 보고 있다.

덕후's 대화

## 이렇게 대화할 수 있어요!

118

**你在干什么？**

Nǐ zài gàn shénme?

너 뭐하고 있어?

**我在看电视。**

Wǒ zài kàn diànshì.

나 텔레비전 보고 있어.

干 gàn 동 (일을) 하다

# Day 25 나 갈게

119

# 我走了。

**Wǒ zǒu le.**

나 갈게.

덕후's 문법 了는 동사 뒤에 쓰일 때 동작의 완료를 나타내지만, 문장 끝에 쓰일 때는 '~하게 됐다'라고 상황의 변화를 나타냅니다. 어순은 「문장+了」예요. 예를 들어 天冷了라고 하면 '날이 추워졌다', 我今年三十岁了라고 하면 '나는 올해 서른 살이 됐다'라는 뜻이에요.

**문장 了** 상황의 변화

- **下雨了。** 비가 온다.
  Xiàyǔ le.
- **我不想去了。** 나 안 가고 싶어졌어.
  Wǒ bù xiǎng qù le.

단어 走 zǒu 동 걷다 | 了 le 조 ~하게 되다(상황의 변화를 나타냄) | 下雨 xiàyǔ 동 비가 오다

덕후's 발음

## 원어민 되는 낭독 3단계를 시작해 볼까요?

120

★ mp3를 따라서 3번씩 낭독하세요.

### 1 단어 병음과 성조를 정확하게

☑☐☐

| Wǒ | zǒu | le |
|---|---|---|
| 我 | 走 | 了 |
| 나 | 가다 | (상황의 변화) |

### 2 단어+단어 성조 변화에 주의해서

☑☐☐

| Wǒ | zǒu le |
|---|---|
| 我 | 走了 |
| 나 | 간다 |

### 3 문장 리듬과 억양을 살려서

☑☐☐

**Wó zǒu le.**

我走了。

나 갈게.

덕후's 대화

## 이렇게 대화할 수 있어요!

121

**都5点了，我先走了。**
Dōu wǔ diǎn le, wǒ xiān zǒu le.
벌써 5시다. 나 먼저 갈게.

**嗯，拜拜。**
Èn, bàibài.
응, 잘 가.

都 dōu 부 이미, 벌써

点 diǎn 명 시

先 xiān 부 먼저

拜拜 bàibài byebye, 안녕, 잘 가

# Review

## Day 21~25

★ 아래의 한국어를 중국어로 작문하고 소리 내어 읽어 보세요.

**01** 나는 어제 영화 한 편을 봤어. (영화 한 편 一部电影)

**02** 나 허광한을 본 적이 있어. (허광한 许光汉)

**03** 나 거짓말 안 했어. (거짓말하다 说谎)

**04** 그는 낮잠을 자고 있어. (낮잠을 자다 睡午觉)

**05** 오랜만이에요. (오랫동안 好久, 못 보다 不见)

정답 **01** 我昨天看了一部电影。Wǒ zuótiān kàn le yí bù diànyǐng. **02** 我见过许光汉。Wǒ jiàn guo Xǔ guānghàn. **03** 我没有说谎。Wǒ méiyǒu shuōhuǎng. **04** 他在睡午觉。Tā zài shuì wǔjiào. **05** 好久不见了。Hǎo jiǔ bú jiàn le.

# Read out

## 얼화 er

★ 绕口令(ràokǒulìng 잰말놀이)으로 발음 연습을 해 봅시다. 혀와 입술이 자유자재로 움직이도록 얼굴 근육을 먼저 풀고 시작하세요. 천천히 ☑□□ 빠르게 ☑□□

122

**Xiǎo nǚ háir,** ❷

❶

**shū liǎ biànr,**

**duō hǎo wánr,**

**xiǎo gē liǎr,** ❸

**hóng liǎn dànr,** ❹

**pàng hū hūr.**

❶ nǚ는 '누'가 아니라 입을 오므린 '뉘'로 읽어요.

❷ hái에 얼화(er)음이 붙으면 'i'가 탈락하고 '하얼'로 발음해요.

❸ liǎ에 얼화(er)음이 붙으면 'e'가 탈락하고 '리알'로 발음해요.

❹ dàn에 얼화(er)음이 붙으면 'n'이 탈락하고 '따알'로 발음해요.

원문 小女孩儿，梳俩辫儿，多好玩儿，小哥俩儿，红脸蛋儿，胖乎乎儿。

# Chapter 06

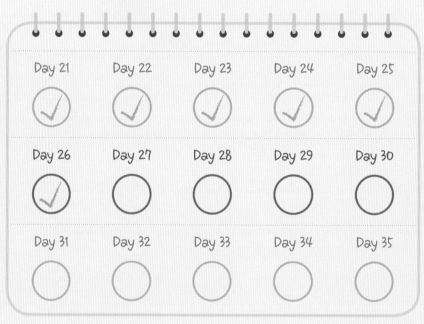

 덕후's 말하기 플랜

| Day 21 | Day 22 | Day 23 | Day 24 | Day 25 |
|--------|--------|--------|--------|--------|
| ✓ | ✓ | ✓ | ✓ | ✓ |

| Day 26 | Day 27 | Day 28 | Day 29 | Day 30 |
|--------|--------|--------|--------|--------|
| ✓ | | | | |

| Day 31 | Day 32 | Day 33 | Day 34 | Day 35 |
|--------|--------|--------|--------|--------|
| | | | | |

# 부사

**시간, 빈도, 어기 등의 의미로 동사와 형용사를 꾸며 줄 때 쓰는 표현들**

Day 26

# 그녀는 아직 아주 젊어

123

## 她还很年轻。

**Tā hái hěn niánqīng.**

그녀는 아직 아주 젊어.

더후's 문법 '아직/여전히'라는 말은 부사 还를 사용해요. 부사는 술어(동사/형용사) 앞에 위치하므로 「주어+还+술어」의 순서로 씁니다. 또 还는 동작의 진행을 나타내는 부사 在(~하고 있다)와 같이 자주 사용해요.

**还 V/A** 아직 V/A하다

- **我还没吃饭。** 나는 아직 밥을 안 먹었어.
  Wǒ hái méi chīfàn.
- **他还在睡觉。** 그는 아직 잠을 자고 있어.
  Tā hái zài shuìjiào.

단어 还 hái 부 아직, 여전히 | 年轻 niánqīng 형 젊다

덕후's 발음

## 원어민 되는 낭독 3단계를 시작해 볼까요?

124

★ mp3를 따라서 3번씩 낭독하세요.

### 1 단어 병음과 성조를 정확하게

☑☐☐

**Tā** · **hái** · **hěn** · **niánqīng**

她 还 很 年轻

그녀 아직 아주 젊다

### 2 단어+단어 성조 변화에 주의해서

☑☐☐

**Tā** · **hái hěn** · **niánqīng**

她 还很 年轻

그녀 아직 아주 젊다

### 3 문장 리듬과 억양을 살려서

☑☐☐

**Tā hái hěn niánqīng.**

她还很年轻。

그녀는 아직 아주 젊다.

덕후's 대화

이렇게 대화할 수 있어요!

125

**她还很年轻。**
Tā hái hěn niánqīng.
그녀는 아직 아주 젊어.

**对啊，她真的很年轻。**
Duì a, tā zhēn de hěn niánqīng.
맞아. 그녀는 정말 아주 젊어.

对 duì 형 맞다

真的 zhēn de 정말, 진짜

# Day 27 너 또 지각했어

126

# 你又迟到了。

**Nǐ yòu chídào le.**

너 또 지각했어.

덕후's 문법 과거에 일어났던 일이 반복된 것을 표현할 때 부사 又(또)를 사용해요. 부사는 술어(동사/형용사) 앞에 위치하므로 「주어+又+술어」의 순서로 씁니다.

**又 V/A** 또 V/A하다

- **我又饿了。** 나 또 배고파.
  Wǒ yòu è le.

- **你又生气了？** 너 또 화났어?
  Nǐ yòu shēngqì le?

단어 又 yòu 부 또, 다시 | 迟到 chídào 동 지각하다 | 饿 è 형 배고프다 | 生气 shēngqì 동 화를 내다

덕후's 발음

## 원어민 되는 낭독 3단계를 시작해 볼까요?

127

★ mp3를 따라서 3번씩 낭독하세요.

**1 단어** 병음과 성조를 정확하게 ☑☐☐

| Nǐ | · | yòu | · | chídào | · | le |
|---|---|---|---|---|---|---|
| 你 | | 又 | | 迟到 | | 了 |
| 너 | | 또 | | 지각하다 | | (완료) |

**2 단어+단어** 성조 변화에 주의해서 ☑☐☐

| Nǐ | · | yòu | · | chídào le |
|---|---|---|---|---|
| 你 | | 又 | | 迟到了 |
| 너 | | 또 | | 지각했다 |

**3 문장** 리듬과 억양을 살려서 ☑☐☐

**Nǐ yòu chídào le.**

你又迟到了。

너는 또 지각했다.

덕후's 대화

이렇게 대화할 수 있어요!

128

**你又迟到了!**

Nǐ yòu chídào le!

너 또 지각했구나!

**对不起，老师。**

Duìbuqǐ, lǎoshī.

죄송합니다. 선생님.

对不起 duìbuqǐ 미안합니다

Day 28

# 너 내일 다시 와

129

## 你明天再来。

**Nǐ míngtiān zài lái.**

너 내일 다시 와.

덕후's 문법

어떤 동작이 중복되거나 계속되는 것을 말할 때 부사 再(다시)를 사용해요. 부사는 술어(동사/형용사) 앞에 위치하니까 「주어+再+술어」의 순서로 써요. 再는 아직 일어나지 않은 일의 반복을 나타내요.

**再 V/A** 다시 V/A하다

- **我们以后再聊。** 우리 나중에 다시 이야기하자.
  Wǒmen yǐhòu zài liáo.
- **我不能再吃了。** 나 더는 못 먹겠어.
  Wǒ bù néng zài chī le.

단어 明天 míngtiān 명 내일 | 再 zài 부 다시, 더 | 以后 yǐhòu 명 이후 | 聊 liáo 동 이야기하다, 한담하다

덕후's 발음

## 원어민 되는 낭독 3단계를 시작해 볼까요?

130

★ mp3를 따라서 3번씩 낭독하세요.

### 1 단어 병음과 성조를 정확하게

☑☐☐

| Nǐ | míngtiān | zài | lái |
| --- | --- | --- | --- |
| 你 | 明天 | 再 | 来 |
| 너 | 내일 | 다시 | 오다 |

### 2 단어+단어 성조 변화에 주의해서

☑☐☐

| Nǐ | míngtiān | zài lái |
| --- | --- | --- |
| 你 | 明天 | 再来 |
| 너 | 내일 | 다시 오다 |

### 3 문장 리듬과 억양을 살려서

☑☐☐

**Nǐ míngtiān zài lái.**

你明天再来。

너 내일 다시 와.

덕후's 대화

## 이렇게 대화할 수 있어요!

131

**我要回家了。**

Wǒ yào huíjiā le.

나 집에 갈래.

**好吧！那你明天再来。**

Hǎo ba! Nà nǐ míngtiān zài lái.

그래! 그럼 너 내일 다시 와.

吧 ba 조 승낙의 어기를 나타냄

那 nà 접 그러면

# Day 29 그들은 이미 도착했어

132

# 他们已经到了。

**Tāmen yǐjing dào le.**

그들은 이미 도착했어.

덕후's 문법 어떤 일이 이미 일어났음을 나타낼 때 부사 已经을 사용합니다. 부사는 술어(동사/형용사) 앞에 위치하니까 「주어+已经+술어」의 순서로 써요. 已经은 동작이 이미 완료됐거나 상황이 완성됐음을 나타내는 문장에 자주 쓰여 일반적으로 조사 了와 함께 사용해요.

**已经 V/A** 이미 V/A했다

- **我已经吃过饭了。** 나는 이미 밥을 먹었어.
  Wǒ yǐjing chī guo fàn le.
- **电影已经结束了。** 영화가 이미 끝났어.
  Diànyǐng yǐjing jiéshù le.

단어 已经 yǐjing 부 이미, 벌써 | 到 dào 동 도착하다 | 结束 jiéshù 동 끝나다, 마치다

덕후's 발음

## 원어민 되는 낭독 3단계를 시작해 볼까요?

133

★ mp3를 따라서 3번씩 낭독하세요.

### 1 단어 병음과 성조를 정확하게

☑ ☐ ☐

| Tāmen | · | yǐjing | · | dào | · | le |
|---|---|---|---|---|---|---|
| 他们 | | 已经 | | 到 | | 了 |
| 그들 | | 이미 | | 도착하다 | | (완료) |

### 2 단어+단어 성조 변화에 주의해서

☑ ☐ ☐

| Tāmen | · | yǐjing | · | dào le |
|---|---|---|---|---|
| 他们 | | 已经 | | 到了 |
| 그들 | | 이미 | | 도착했다 |

### 3 문장 리듬과 억양을 살려서

☑ ☐ ☐

**Tāmen yǐjing dào le.**

他们已经到了。

그들은 이미 도착했다.

덕후's 대화

## 이렇게 대화할 수 있어요!

134

**他们怎么还不来？**

Tāmen zěnme hái bù lái?

그들은 왜 아직 안 와?

**他们已经到了。**

Tāmen yǐjing dào le.

그들은 이미 도착했어.

怎么 zěnme 대 어째서, 왜

他们 tāmen 대 그들

Day 30

# 너 기분이 안 좋은 거 같아

135

# 你好像很不开心。

**Nǐ hǎoxiàng hěn bù kāixīn.**

너 기분이 안 좋은 거 같아.

더후's 문법 '마치 ~인 것 같다/비슷하다'라고 말할 때 동사 好像을 사용해요. 好像은 술어(동사/형용사) 앞에 위치해서 「주어+好像+술어」의 순서로 씁니다. 부정할 때는 '好像+不/没有'를 술어 앞에 사용해요.

**好像 V/A** 마치 V/A인 것 같다

- **他好像是韩国人。** 그는 한국인인 거 같아.
  Tā hǎoxiàng shì hánguórén.
- **我好像见过他。** 나는 그를 본 적이 있는 거 같아.
  Wǒ hǎoxiàng jiàn guo tā.

단어 好像 hǎoxiàng 동 마치 ~인 것 같다 | 开心 kāixīn 형 유쾌하다, 즐겁다 | 韩国人 hánguórén 한국인 | 见 jiàn 동 보다, 만나다

덕후's 발음

## 원어민 되는 낭독 3단계를 시작해 볼까요?

136

★ mp3를 따라서 3번씩 낭독하세요.

### 1 단어 병음과 성조를 정확하게

☑☐☐

| Nǐ | hǎoxiàng | hěn | bù | kāixīn |
|---|---|---|---|---|
| 你 | 好像 | 很 | 不 | 开心 |
| 너 | 마치 ~과 같다 | 아주 | 안 | 즐겁다 |

### 2 단어+단어 성조 변화에 주의해서

☑☐☐

| Nǐ | hǎoxiàng | hěn bù kāixīn |
|---|---|---|
| 你 | 好像 | 很不开心 |
| 너 | 마치 ~과 같다 | 기분이 아주 안 좋다 |

### 3 문장 리듬과 억양을 살려서

☑☐☐

**Ní hǎoxiàng hěn bù kāixīn.**

你好像很不开心。

너 기분이 아주 안 좋은 거 같다.

덕후's 대화

## 이렇게 대화할 수 있어요!

137

**你好像很不开心。**

Nǐ hǎoxiàng hěn bù kāixīn.

너 기분이 안 좋은 거 같아.

**对啊，我跟男朋友吵架了。**

Duì a, wǒ gēn nánpéngyou chǎojià le.

맞아. 나 남자친구하고 다퉜거든.

男朋友 nánpéngyou 명 남자친구

跟 gēn 개 ~와/과

吵架 chǎojià 동 다투다, 말다툼하다

# Review Day 26~30

★ 아래의 한국어를 중국어로 작문하고 소리 내어 읽어 보세요.

**01** 그들은 아직도 이야기하고 있어. (이야기하다 聊天儿)

**02** 너 오늘 또 야근해? (야근하다 加班)

**03** 나는 더 먹고 싶지 않아. (먹다 吃)

**04** 마트는 이미 문을 닫았어. (마트 超市, 문을 닫다 关门)

**05** 나 감기에 걸린 거 같아. (감기에 걸리다 感冒)

정답 **01** 他们还在聊天儿。Tāmen hái zài liáotiānr. **02** 你今天又加班吗？Nǐ jīntiān yòu jiābān ma? **03** 我不想再吃了。Wǒ bù xiǎng zài chī le. **04** 超市已经关门了。Chāoshì yǐjing guānmén le. **05** 我好像感冒了。Wǒ hǎoxiàng gǎnmào le.

# Read out

## 운모 ng

★ 绕口令(ràokǒulìng 잰말놀이)으로 발음 연습을 해 봅시다. 혀와 입술이 자유자재로 움직이도록 얼굴 근육을 먼저 풀고 시작하세요.

천천히 ☑☐☐ 빠르게 ☑☐☐

138

**Tiān shàng xiǎo xīngxīng,** ❶ ❷

**dì shàng xiǎo qīngqīng.** ❸

**Línglíng kàn xīngxīng,**

**xīngxīng liàng jīngjīng.**

**Línglíng shǔ xīngxīng,** ❹

**xīngxīng shǔ bù qīng.**

❶ 방위사로 쓰는 上(shang)은 경성으로 읽어요.

❷ xīngxīng의 뒤의 xīng은 경성( • )으로 읽어요. 앞의 글자를 충분히 길게 읽고 경성은 짧고 가볍게 읽어야 자연스러워요.

❸ 결합모음인 iao는 마지막 'o'까지 확실하게 발음해야 해요.

❹ shǔ bu qīng의 bu(不)는 경성( • )으로 읽어요.

원문 天上小星星，地上小青青。玲玲看星星，星星亮晶晶。玲玲数星星，星星数不清。

# Chapter 07

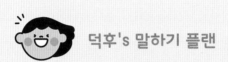

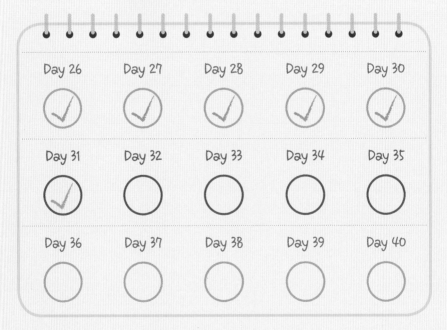

덕후's 말하기 플랜

| Day 26 | Day 27 | Day 28 | Day 29 | Day 30 |
|--------|--------|--------|--------|--------|
| ✓ | ✓ | ✓ | ✓ | ✓ |
| Day 31 | Day 32 | Day 33 | Day 34 | Day 35 |
| ✓ | ○ | ○ | ○ | ○ |
| Day 36 | Day 37 | Day 38 | Day 39 | Day 40 |
| ○ | ○ | ○ | ○ | ○ |

# 개 … 사

전치사처럼 동작의 대상, 목적, 비교 등을 나타낼 때 쓰는 표현들

## Day 31 내가 너에게 전화할게

139

# 我给你打电话。

**Wǒ gěi nǐ dǎ diànhuà.**

내가 너에게 전화할게.

덕후's 문법 '~에게'라고 동작을 해 주는 대상을 말할 때 개사 给를 사용합니다. 「给+대상」으로 쓰는데 예를 들어 给你는 '너에게'이고 给他는 '그에게'예요. 그리고 이 개사구를 동사 앞에 두어 「给+대상+동사」의 순서로 말해요.

**给 N(대상) + V** N에게 V해 주다

- **我给你介绍我的朋友。** 내가 너에게 내 친구를 소개해 줄게.
  Wǒ gěi nǐ jièshao wǒ de péngyou.
- **我给他买了一个礼物。** 나는 그에게 선물을 사 줬어.
  Wǒ gěi tā mǎi le yí ge lǐwù.

단어 给 gěi 개 ~에게 | 打电话 dǎ diànhuà 전화를 걸다 | 介绍 jièshào 동 소개하다 | 礼物 lǐwù 명 선물

덕후's 발음

## 원어민 되는 낭독 3단계를 시작해 볼까요?

140

★ mp3를 따라서 3번씩 낭독하세요.

### 1 단어 병음과 성조를 정확하게

☑☐☐

**Wǒ** · **gěi** · **nǐ** · **dǎ** · **diànhuà**

| Wǒ | gěi | nǐ | dǎ | diànhuà |
|---|---|---|---|---|
| 我 | 给 | 你 | 打 | 电话 |
| 나 | ~에게 | 너 | 걸다 | 전화 |

### 2 단어+단어 성조 변화에 주의해서

☑☐☐

**Wǒ** · **géi nǐ** · **dǎ diànhuà**

| Wǒ | géi nǐ | dǎ diànhuà |
|---|---|---|
| 我 | 给你 | 打电话 |
| 나 | 너에게 | 전화를 걸다 |

### 3 문장 리듬과 억양을 살려서

☑☐☐

**Wǒ géi ní dǎ diànhuà.**

我给你打电话。

내가 너에게 전화한다.

덕후's 대화

## 이렇게 대화할 수 있어요!

141

**到家以后，我给你打电话。**

Dào jiā yǐhòu, wǒ gěi nǐ dǎ diànhuà.

집에 도착한 뒤에 내가 너에게 전화할게.

**好的，那我先走了。**

Hǎo de, nà wǒ xiān zǒu le.

그래, 그럼 나 먼저 갈게.

到 dào 동 도착하다

以后 yǐhòu 명 이후

Day 32

# 내가 너를 응원할게

142

# 我为你加油打气。

**Wǒ wèi nǐ jiāyóu dǎqì.**

내가 너를 응원할게.

더후's 문법

'~를 위해서'라고 동작의 대상 또는 목적을 말할 때 개사 为를 사용합니다. 「为+대상」으로 쓰고 이 개사구를 동사 앞에 두어 「为+대상+동사」의 순서로 말해요.

**为 N(대상) + V** N을 위해 V하다

- **为我们的友谊干杯！** 우리의 우정을 위해 건배!
  Wèi wǒmen de yǒuyì gānbēi!
- **这是为你买的。** 이것은 너를 위해 산 거야.
  Zhè shì wèi nǐ mǎi de.

단어 为 wèi 개 ~을 위하여 | 加油 jiāyóu 동 응원하다 | 打气 dǎqì 동 격려하다, 고무하다 | 友谊 yǒuyì 명 우정 | 干杯 gānbēi 동 건배하다

더후's 발음

## 원어민 되는 낭독 3단계를 시작해 볼까요?

143

★ mp3를 따라서 3번씩 낭독하세요.

### 1 단어 병음과 성조를 정확하게

☑☐☐

| Wǒ | wèi | nǐ | jiāyóu | dǎqì |
|---|---|---|---|---|
| 我 | 为 | 你 | 加油 | 打气 |
| 나 | ~을 위해 | 너 | 응원하다 | 격려하다 |

### 2 단어+단어 성조 변화에 주의해서

☑☐☐

| Wǒ | wèi nǐ | jiāyóu dǎqì |
|---|---|---|
| 我 | 为你 | 加油打气 |
| 나 | 그녀 | 응원하다 |

### 3 문장 리듬과 억양을 살려서

☑☐☐

**Wǒ wèi nǐ jiāyóu dǎqì.**

我为你加油打气。

내가 너를 위해 응원한다.

더후's 대화

## 이렇게 대화할 수 있어요!

144

**我为你加油打气。**
Wǒ wèi nǐ jiāyóu dǎqì.
내가 너를 응원할게.

**谢谢，我会加油的。**
Xièxie, wǒ huì jiāyóu de.
고마워. 나 힘낼게.

会 huì 동 ~할 것이다

的 de 조 긍정의 어기를 나타냄

Day 33

# 내가 너보다 두 살이 많아

145

# 我比你大两岁。

**Wǒ bǐ nǐ dà liǎng suì.**

내가 너보다 두 살이 많아.

덕후's 문법

'~보다'라고 비교할 때 개사 比를 사용해요. 「比+대상」으로 쓰는데 예를 들어 比我는 '나보다'이고, 比昨天은 '어제보다'예요. 그리고 이 개사구를 술어 앞에 두어 「比+비교대상+형용사」의 순서로 말해요. 이 형용사 앞에는 很(아주)을 쓰지 않고 更(더욱)을 사용한답니다.

**比 N(비교대상) + A** N보다 A하다

- **他比我小三岁。** 그는 나보다 세 살이 적어.
  Tā bǐ wǒ xiǎo sān suì.

- **这个比那个更好。** 이것이 저것보다 더 좋아.
  Zhè ge bǐ nà ge gèng hǎo.

단어 比 bǐ 개 ~보다 | 大 dà 형 크다 | 岁 suì 양 세, 살 | 小 xiǎo 형 작다 | 更 gèng 부 더욱

덕후's 발음

## 원어민 되는 낭독 3단계를 시작해 볼까요?

🎧 146

★ mp3를 따라서 3번씩 낭독하세요.

### 1 단어 병음과 성조를 정확하게 ☑☐☐

| Wǒ | bǐ | nǐ | dà | liǎng | suì |
|---|---|---|---|---|---|
| 我 | 比 | 你 | 大 | 两 | 岁 |
| 나 | ~보다 | 너 | 크다 | 둘 | 살 |

### 2 단어+단어 성조 변화에 주의해서 ☑☐☐

| Wǒ | bí nǐ | dà liǎng suì |
|---|---|---|
| 我 | 比你 | 大两岁 |
| 나 | 너보다 | 두 살이 많다 |

### 3 문장 리듬과 억양을 살려서 ☑☐☐

**Wǒ bí nǐ dà liǎng suì.**

我比你大两岁。

나는 너보다 두 살이 많다.

덕후's 대화

## 이렇게 대화할 수 있어요!

🎧 147

**你多大了？**
Nǐ duōdà le?
몇 살이에요?

**我比你大两岁。**
Wǒ bǐ nǐ dà liǎng suì.
나는 너보다 두 살이 많아.

多大 duōdà (나이가) 얼마인가

Day 34

# 오늘은 어제보다 춥지 않아

148

## 今天没有昨天冷。

**Jīntiān méiyǒu zuótiān lěng.**

오늘은 어제보다 춥지 않아.

덕후's 문법 '~보다 ~하지 않다'라고 比 비교문을 부정할 때는 比 자리에 没有를 사용해요. 「주어+没有+비교대상+형용사」로 쓰고 '주어가 비교대상보다 ~하지 못하다'라는 뜻을 나타내요.

**没有 N(비교대상) + A** N보다 A하지 않다

- **今年没有去年热。** 올해는 작년보다 덥지 않아.
  Jīnnián méiyǒu qùnián rè.

- **我个子没有你高。** 나는 키가 너보다 크지 않아.
  Wǒ gèzi méiyǒu nǐ gāo.

단어 没有 méiyǒu 동 ~만 못하다 | 冷 lěng 형 춥다 | 去年 qùnián 명 작년 | 热 rè 형 덥다 | 个子 gèzi 명 키 | 高 gāo 형 크다

**원어민 되는 낭독 3단계를 시작해 볼까요?**  🎧 149

★ mp3를 따라서 3번씩 낭독하세요.

**1** **단어** 병음과 성조를 정확하게  ☑☐☐

| **Jīntiān** · | **méiyǒu** · | **zuótiān** · | **lěng** |
|---|---|---|---|
| 今天 | 没有 | 昨天 | 冷 |
| 오늘 | ~하지 않다 | 어제 | 춥다 |

**2** **단어+단어** 성조 변화에 주의해서  ☑☐☐

| **Jīntiān** · | **méiyǒu zuótiān** · | **lěng** |
|---|---|---|
| 今天 | 没有昨天 | 冷 |
| 오늘 | 어제보다 ~하지 않다 | 춥다 |

**3** **문장** 리듬과 억양을 살려서  ☑☐☐

**Jīntiān méiyǒu zuótiān lěng.**

今天没有昨天冷。
오늘은 어제보다 춥지 않다.

더후's 대화 **이렇게 대화할 수 있어요!**

🎧 150

> **今天好冷啊。**
> Jīntiān hǎo lěng a.
> 오늘 엄청 춥다.

不过 búguò 접 그런데, 그러나

> **对啊，不过今天没有昨天冷。**
> Duì a, búguò jīntiān méiyǒu zuótiān lěng.
> 맞아. 하지만 오늘은 어제보다 춥지 않아.

Day 35

# 나는 어제 그를 만났어

151

## 我昨天跟他见面。

**Wǒ zuótiān gēn tā jiànmiàn.**

나는 어제 그를 만났어.

덕후's 문법 '~와/과'라고 동작의 대상을 말할 때 개사 跟을 사용합니다. 「跟+대상」으로 쓰고 이 개사구를 동사 앞에 두어 「跟+대상+동사」의 순서로 말해요. 중국어에는 '동사+목적어'로 구성된 단어가 있는데 이것을 이합사라고 해요. 그래서 이합사는 목적어를 두지 않아요.

**跟 N(대상) + V** N와/과 V하다

- **你为什么跟我生气？** 너 왜 나한테 화를 내는 거야?
  Nǐ wèishénme gēn wǒ shēngqì?
- **我跟朋友聊天儿。** 나는 친구와 이야기하고 있어.
  Wǒ gēn péngyou liáotiānr.

단어 跟 gēn 개 ~와/과 | 见面 jiànmiàn 동 만나다 | 生气 shēngqì 동 화를 내다

덕후's 발음

## 원어민 되는 낭독 3단계를 시작해 볼까요?

152

★ mp3를 따라서 3번씩 낭독하세요.

### 1 단어 병음과 성조를 정확하게

☑☐☐

| Wǒ | zuótiān | gēn | tā | jiànmiàn |
|---|---|---|---|---|
| 我 | 昨天 | 跟 | 他 | 见面 |
| 나 | 어제 | ~와/과 | 그 | 만나다 |

### 2 단어+단어 성조 변화에 주의해서

☑☐☐

| Wǒ | zuótiān | gēn tā jiànmiàn |
|---|---|---|
| 我 | 昨天 | 跟他见面 |
| 나 | 어제 | 그와 만나다 |

### 3 문장 리듬과 억양을 살려서

☑☐☐

**Wǒ zuótiān gēn tā jiànmiàn.**

我昨天跟他见面。

나는 어제 그와 만났다.

덕후's 대화

## 이렇게 대화할 수 있어요!

153

**你最近见过东浩吗？**
Nǐ zuìjìn jiàn guo Dōnghào ma?
너 요즘 동호를 본 적 있어?

**我昨天刚跟他见面。**
Wǒ zuótiān gāng gēn tā jiànmiàn.
나 어제 막 그를 만났어.

最近 zuìjìn 명 최근, 요즈음

刚 gāng 부 막, 바로

# Review Day 31~35

★ 아래의 한국어를 중국어로 작문하고 소리 내어 읽어 보세요.

**01** 그녀가 나에게 옷을 사 줬어. (옷 衣服)

**02** 내가 널 위해 선물을 준비했어. (준비하다 准备, 선물 礼物)

**03** 오늘 어제보다 더 더워. (더욱 更, 덥다 热)

**04** 버스가 지하철보다 빠르지 않아. (지하철 地铁)

**05** 내가 너와 함께 갈게. (함께 一块儿, 가다 走)

정답 **01** 她给我买了一件衣服。Tā gěi wǒ mǎi le yí jiàn yīfu. **02** 我为你准备了一件礼物。 Wǒ wèi nǐ zhǔnbèi le yí jiàn lǐwù. **03** 今天比昨天更热。Jīntiān bǐ zuótiān gèng rè. **04** 公交车没有地铁快。Gōngjiāochē méiyǒu dìtiě kuài. **05** 我跟你一块儿走。Wǒ gēn nǐ yíkuàir zǒu.

# Read out

## 성모 h k

★ 绕口令(ràokǒulìng 잰말놀이)으로 발음 연습을 해 봅시다. 혀와 입술이 자유자재로 움직이도록 얼굴 근육을 먼저 풀고 시작하세요. 천천히 ☑☐☐ 빠르게 ☑☐☐

154

**Héhé kǒukě yào shuǐ hē,**

**Kěkě hē shuǐ kǒu bù kě,**

**Héhé yào hē Kěkě de shuǐ,**

**Kěkě de shuǐ gěi Héhé hē,**

**Héhé hē shuǐ jiě le kě,**

**xièxie Kěkě gěi shuǐ hē.**

❶ 3성 뒤에 3성이 오면 앞의 3성은 2성( ˊ )으로 바뀌어요.

❷ 3성 뒤에 1/2/4성/경성이 오면 앞의 3성은 반3성( ˇ )으로 바뀌어요.

❸ ui 운모는 생략된 'e'음을 살려서(uei) 읽어야 자연스러워요.

❹ 조사 了(le)는 경성이므로 짧고 가볍게 읽어요.

원문 和和口渴要水喝，可可喝水口不渴，和和要喝可可的水，可可的水给和和喝，和和喝水解了渴，谢谢可可给水喝。

# Chapter 08

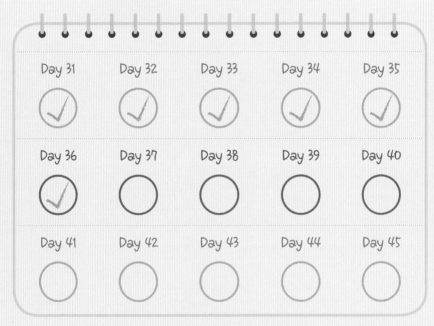

 덕후's 말하기 플랜

| Day 31 | Day 32 | Day 33 | Day 34 | Day 35 |
|--------|--------|--------|--------|--------|
| ✓ | ✓ | ✓ | ✓ | ✓ |

| Day 36 | Day 37 | Day 38 | Day 39 | Day 40 |
|--------|--------|--------|--------|--------|
| ✓ | | | | |

| Day 41 | Day 42 | Day 43 | Day 44 | Day 45 |
|--------|--------|--------|--------|--------|
| | | | | |

보

어

동작의 상태, 결과, 방향, 경과된 시간 등을 나타낼 때 쓰는 표현들

# Day 36 나 배가 너무 아파

155

# 我肚子疼得厉害。

**Wǒ dùzi téng de lìhai.**

나 배가 너무 아파.

덕후's 문법 '동작/상태가 어떠하다'라고 그 동작을 하는 모습이 어떤지, 상태가 어떤지 보충 정보를 줄 때 동사 뒤에 정태보어를 사용해요. 「술어+得+정태보어」의 순서로 말해요.

**V/A + 得 + 정태보어** ~하게 V/A하다

- **我跑得很快。** 나는 아주 빨리 뛰어.
  Wǒ pǎo de hěn kuài.
- **他汉语说得很流利。** 그는 중국어를 아주 유창하게 해.
  Tā Hànyǔ shuō de hěn liúlì.

단어 肚子 dùzi 명 복부, 배 | 疼 téng 형 아프다 | 得 de 조 보어를 연결하는 역할을 함 | 厉害 lìhai 형 대단하다, 심하다 | 跑 pǎo 동 뛰다 | 快 kuài 형 빠르다 | 流利 liúlì 형 유창하다

**원어민 되는 낭독 3단계를 시작해 볼까요?** 🎧 156

★ mp3를 따라서 3번씩 낭독하세요.

**1** **단어** 병음과 성조를 정확하게 ☑☐☐

| **Wǒ** · | **dùzi** · | **téng** · | **de** · | **lìhai** |
|---|---|---|---|---|
| 我 | 肚子 | 疼 | 得 | 厉害 |
| 나 | 배 | 아프다 | (보어 연결) | 심하다 |

**2** **단어+단어** 성조 변화에 주의해서 ☑☐☐

| **Wǒ dùzi** · | **téng de lìhai** |
|---|---|
| 我肚子 | 疼得厉害 |
| 내 배 | 너무 아프다 |

**3** **문장** 리듬과 억양을 살려서 ☑☐☐

**Wǒ dùzi téng de lìhai.**

我肚子疼得厉害。
나는 배가 너무 아프다.

이렇게 대화할 수 있어요!

🎧 157

**你哪儿不舒服？**
Nǐ nǎr bù shūfu?
너 어디가 아파?

舒服 shūfu 형 편안하다

**我肚子疼得厉害。**
Wǒ dùzi téng de lìhai.
나 배가 너무 아파.

Day 37

# 나 이미 배부르게 먹었어

158

## 我已经吃饱了。

**Wǒ yǐjing chī bǎo le.**

나 이미 배부르게 먹었어.

더후's 문법 '동작의 결과가 어떠하다'라고 결과를 보충해 줄 때는 동사 뒤에 결과보어를 사용해요. 「동사+결과보어」의 순서로 말해요. 예를 들어 看(보다)에 결과를 나타내는 完(완료하다)을 붙이면 看完(다 봤다)이 돼요.

**V 결과보어** (어떠한 결과로) V했다

- **我吃完了。** 나는 다 먹었어.
  Wǒ chī wán le.
- **这个字写错了。** 이 글자 잘못 썼어.
  Zhè ge zì xiě cuò le.

단어 已经 yǐjing 부 이미, 벌써 | 饱 bǎo 형 배부르다 | 完 wán 동 다하다 | 字 zì 명 글자 | 写 xiě 동 쓰다 | 错 cuò 형 틀리다

덕후's 발음

## 원어민 되는 낭독 3단계를 시작해 볼까요?

159

★ mp3를 따라서 3번씩 낭독하세요.

**1 단어** 병음과 성조를 정확하게 ☑☐☐

**Wǒ** · **yǐjing** · **chī** · **bǎo** · **le**

| 我 | 已经 | 吃 | 饱 | 了 |
|---|---|---|---|---|
| 나 | 이미 | 먹다 | 배부르다 | (완료) |

**2 단어+단어** 성조 변화에 주의해서 ☑☐☐

**Wǒ** · **yǐjing** · **chī bǎo le**

| 我 | 已经 | 吃饱了 |
|---|---|---|
| 나 | 이미 | 배부르게 먹었다 |

**3 문장** 리듬과 억양을 살려서 ☑☐☐

**Wó yǐjing chī bǎo le.**

我已经吃饱了。

나는 이미 배부르게 먹었다.

덕후's 대화

이렇게 대화할 수 있어요!

160

**你再吃一点儿。**
Nǐ zài chī yìdiǎnr.
너 더 먹어.

**我已经吃饱了。**
Wǒ yǐjing chī bǎo le.
나 이미 배부르게 먹었어.

Day 38

# 그는 이미 돌아갔어

161

# 他已经回去了。

**Tā yǐjīng huí qù le.**

그는 이미 돌아갔어.

덕후's 문법 동작이 행해지는 방향을 나타낼 때 「동사+来/去」로 말해요. 동작이 화자로부터 가까워지면 来, 멀어지면 去를 붙여요. 예를 들어 跑(뛰다)에 결과를 나타내는 来(오다)를 붙이면 跑来(뛰어오다)가 돼요.

**V 来/去** V해 오다/가다

- **她回来了。** 그녀가 돌아왔어.
  Tā huí lái le.
- **有只苍蝇进来了。** 파리 한 마리가 들어왔어.
  Yǒu zhī cāngyíng jìn lái le.

단어 已经 yǐjing 부 이미, 벌써 | 回 huí 동 되돌아오다 | 只 zhī 양 마리 | 苍蝇 cāngyíng 명 파리 | 进 jìn 동 (바깥에서 안으로) 들다

덕후's 발음

## 원어민 되는 낭독 3단계를 시작해 볼까요?

162

★ mp3를 따라서 3번씩 낭독하세요.

### 1 단어 병음과 성조를 정확하게

☑☐☐

| Tā | · | yǐjing | · | huí | · | qù | · | le |
|---|---|---|---|---|---|---|---|---|
| 他 | | 已经 | | 回 | | 去 | | 了 |
| 그 | | 이미 | | 되돌아오다 | | 가다 | | (완료) |

### 2 단어+단어 성조 변화에 주의해서

☑☐☐

| Tā | · | yǐjing | · | huí qù le |
|---|---|---|---|---|
| 他 | | 已经 | | 回去了 |
| 그 | | 이미 | | 돌아갔다 |

### 3 문장 리듬과 억양을 살려서

☑☐☐

**Tā yǐjing huí qù le.**

他已经回去了。

그는 이미 돌아갔다.

덕후's 대화

## 이렇게 대화할 수 있어요!

163

**他怎么不在这儿啊？**
Tā zěnme bú zài zhèr a?
그는 왜 여기에 없어?

**他已经回去了。**
Tā yǐjing huí qù le.
그는 이미 돌아갔어.

怎么 zěnme 대 어째서, 왜

## Day 39 나 혼자 다 못 먹어

164

# 我一个人吃不完。

**Wǒ yí ge rén chī bu wán.**

나 혼자 다 못 먹어.

덕후's 문법 동작의 결과/방향이 실현 가능한지 나타낼 때 「동사+得/不+결과/방향보어」로 말해요. 예를 들어 결과보어가 있는 **做完**(다 하다)을 **做得完**(다 할 수 있다), **做不完**(다 할 수 없다)으로 말할 수 있어요.

### V 得/不 + 결과/방향보어 ~하게 V할 수 있다/없다

- **你听得懂吗？** 너 알아들을 수 있어?

  Nǐ tīng de dǒng ma?

- **他今天晚上回不来。** 그는 오늘 저녁에 돌아올 수 없어.

  Tā jīntiān wǎnshang huí bu lái.

단어 一个人 yí ge rén 한 사람 | 不 bù 부 가능보어의 중간에 쓰여 불가능을 나타냄 | 得 de 조 동사 뒤에 쓰여 가능을 나타냄 | 懂 dǒng 동 알다, 이해하다 | 回 huí 동 되돌아오다

덕후's 발음

## 원어민 되는 낭독 3단계를 시작해 볼까요?

165

★ mp3를 따라서 3번씩 낭독하세요.

### 1 단어 병음과 성조를 정확하게

☑☐☐

| Wǒ | yī | ge | rén | chī | bù | wán |
|---|---|---|---|---|---|---|
| 我 | 一 | 个 | 人 | 吃 | 不 | 完 |
| 나 | 하나 | 명 | 사람 | 먹다 | 안 | 끝나다 |

### 2 단어+단어 성조 변화에 주의해서

☑☐☐

| Wǒ | yí ge rén | chī bu wán |
|---|---|---|
| 我 | 一个人 | 吃不完 |
| 나 | 혼자 | 다 못 먹다 |

### 3 문장 리듬과 억양을 살려서

☑☐☐

**Wǒ yí ge rén chī bu wán.**

我一个人吃不完。

나는 혼자 다 못 먹는다.

덕후's 대화

## 이렇게 대화할 수 있어요!

166

**我一个人吃不完，咱们一起吃吧。**

Wǒ yí ge rén chī bu wán, zánmen yìqǐ chī ba.

나 혼자 다 못 먹어. 우리 같이 먹자.

**是你妈做的包子？**

Shì nǐ mā zuò de bāozi?

너희 어머니께서 만드신 만두야?

咱们 zánmen 대 우리

一起 yìqǐ 부 같이, 함께

吧 ba 조 ~하자

妈 mā 명 엄마, 어머니

包子 bāozi 명 만두

Day

# 40 나는 서울에서 산 지 2년 됐어

167

## 我在首尔住了两年了。

**Wǒ zài Shǒuěr zhù le liǎng nián le.**

나는 서울에서 산 지 2년 됐어.

더후's 문법 동작의 횟수와 지속 기간, 비교한 결과의 차이를 나타낼 때 「동사/형용사+수량보어」로 말해요. 시간의 양은 休息了一天(하루 쉬었다), 동작의 횟수는 看了一遍(한 번 봤다), 비교한 결과의 차이는 大两岁(두 살 많다)라고 말해요.

### V/A 수량보어 ~번/동안 V/A하다

- **我学汉语学了两年。** 나는 중국어를 2년 동안 배웠어.
  Wǒ xué Hànyǔ xué le liǎng nián.
- **我去过一次北京。** 나는 북경에 한 번 가 봤어.
  Wǒ qù guo yí cì Běijīng.

단어 首尔 Shǒuěr 지명 서울 | 住 zhù 동 살다 | 年 nián 명 해, 년 | 北京 Běijīng 지명 북경 | 次 cì 양 번(동작의 횟수를 세는 단위)

덕후's
발음

## 원어민 되는 낭독 3단계를 시작해 볼까요?

🎧 168

★ mp3를 따라서 3번씩 낭독하세요.

### 1 단어 병음과 성조를 정확하게

☑☐☐

| Wǒ | zài | Shǒuěr | zhù | le | liǎng | nián | le |
|---|---|---|---|---|---|---|---|
| 我 | 在 | 首尔 | 住 | 了 | 两 | 年 | 了 |
| 나 | ~에서 | 서울 | 살다 | (완료) | 둘 | 년 | (변화) |

### 2 단어+단어 성조 변화에 주의해서

☑☐☐

| Wǒ zài Shǒuěr | zhù le liǎng nián le |
|---|---|
| 我在首尔 | 住了两年了 |
| 나는 서울에서 | 산 지 2년이 됐다 |

### 3 문장 리듬과 억양을 살려서

☑☐☐

**Wǒ zài Shǒuěr zhù le liǎng nián le.**

我在首尔住了两年了。

나는 서울에서 산 지 2년이 됐다.

덕후's
대화

## 이렇게 대화할 수 있어요!

🎧 169

**你在首尔住了多久啊？**

Nǐ zài Shǒuěr zhù le duōjiǔ a?

너 서울에서 산 지 얼마나 됐어?

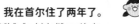

**我在首尔住了两年了。**

Wǒ zài Shǒuěr zhù le liǎng nián le.

나는 서울에서 산 지 2년 됐어.

多久 duōjiǔ 대 얼마 동안

# Review Day 36~40

★ 아래의 한국어를 중국어로 작문하고 소리 내어 읽어 보세요.

**01** 그녀는 천천히 걸어. (느리다 慢)

**02** 그 옷을 깨끗이 빨았어. (깨끗하다 干净, 빨다 洗)

**03** 그는 나무에 기어올랐어. (기다 爬, 나무 树)

**04** 이 문이 안 열려. (열다 打开)

**05** 드라마 「상견니」를 두 번 봤어. (드라마 「상견니」 电视剧《想见你》)

정답 **01** 她走得很慢。Tā zǒu de hěn màn. **02** 那件衣服我洗干净了。Nà jiàn yīfu wǒ xǐ gānjìng le. **03** 他爬上了那棵树。Tā pá shàng le nà kē shù. **04** 这个门我打不开。Zhè ge mén wǒ dǎ bu kāi. **05** 电视剧《想见你》我看了两遍。Diànshìjù <xiǎng jiàn nǐ> wǒ kàn le liǎng biàn.

# Read out

## 성모 r

★ 绕口令(ràokǒulìng 잰말놀이)으로 발음 연습을 해 봅시다. 혀와 입술이 자유자재로 움직이도록 얼굴 근육을 먼저 풀고 시작하세요.

천천히 ☑☐☐ 빠르게 ☑☐☐

170

**Rénmíng shì rénmíng,**

**rènmìng shì rènmìng,**

**rénmíng rènmìng △bù néng cuò,**

**cuò le rénmíng △jiù xià cuò le rènmìng.**

❶ néng은 한국어 '능'으로 읽지 말고, '느-엉'과 같이 연결해서 읽어요.

❷ cuo는 입을 살짝 내민 상태에서 입모양이 세로로 길어지게 발음해요.

❸ iu 운모는 생략된 'o'음을 살려서(iou) 읽어야 자연스러워요.

❹ 부사 jiù(就)는 뒤의 동사 xià(下)보다 약하게 읽어요.

원문 人名是人名，任命是任命，人名任命不能错，错了人名就下错了任命。

# Chapter 09

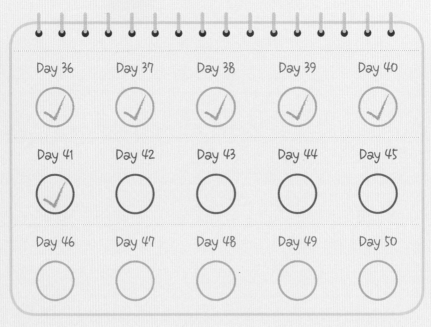

 덕후's 말하기 플랜

| Day 36 | Day 37 | Day 38 | Day 39 | Day 40 |
|--------|--------|--------|--------|--------|
| ✓ | ✓ | ✓ | ✓ | ✓ |

| Day 41 | Day 42 | Day 43 | Day 44 | Day 45 |
|--------|--------|--------|--------|--------|
| ✓ | | | | |

| Day 46 | Day 47 | Day 48 | Day 49 | Day 50 |
|--------|--------|--------|--------|--------|
| | | | | |

# 특수문형

**목적어를 강조할 때, 피동과 사동을 나타낼 때, 목적어 또는 동사가 2개 필요할 때 쓰는 특별한 형식의 표현들**

Day 41

# 나는 이 책을 다 봤어

171

# 我把这本书看完了。

**Wǒ bǎ zhè běn shū kàn wán le.**

나는 이 책을 다 봤어.

더후's 문법

중국어에서는 把자문을 이용하여 '이미 알고 있는 목적어에 대해 특정한 행동을 해서 어떤 결과를 생기게 함'을 나타낼 수 있어요. 이런 경우 「주어+술어+목적어」 어순이 아니라 「주어+'把목적어'+술어+기타성분」의 어순으로 말해요.

**把 N(목적어) + V** N을/를 V하게 하다

- **我把作业做完了。** 나는 숙제를 다 했어.
  Wǒ bǎ zuòyè zuò wán le.
- **他把门关上了。** 그가 문을 닫았어.
  Tā bǎ mén guān shàng le.

단어 把 bǎ 개 ~을/를(목적어를 동사 앞에 둘 때 사용함) | 作业 zuòyè 명 숙제 | 门 mén 명 문 | 关 guān 동 닫다 | 上 shàng 동 동사 뒤에 쓰여 일정한 위치에 도달함을 나타냄

덕후's 발음

## 원어민 되는 낭독 3단계를 시작해 볼까요?

172

★ mp3를 따라서 3번씩 낭독하세요.

### 1 단어 병음과 성조를 정확하게

☑ ☐ ☐

| Wǒ | bǎ | zhè | běn | shū | kàn | wán | le |
|---|---|---|---|---|---|---|---|
| 我 | 把 | 这 | 本 | 书 | 看 | 完 | 了 |
| 나 | ~을/를 | 이 | 권 | 책 | 보다 | 끝나다 | (완료) |

### 2 단어+단어 성조 변화에 주의해서

☑ ☐ ☐

**Wó bǎ zhè běn shū** · **kàn wán le**

我把这本书 · 看完了

나는 이 책을 · 다 봤다

### 3 문장 리듬과 억양을 살려서

☑ ☐ ☐

**Wó bǎ zhè běn shū kàn wán le.**

我把这本书看完了。

나는 이 책을 다 봤다.

덕후's 대화

이렇게 대화할 수 있어요!

173

**我把这本书看完了。**
Wǒ bǎ zhè běn shū kàn wán le.
나는 이 책을 다 봤어.

**怎么样，好看吗？**
Zěnmeyàng, hǎokàn ma?
어때, 재미있어?

怎么样 zěnmeyàng 대 어떠하다

好看 hǎokàn 형 예쁘다, 재미있다

# Day 42 나 선생님께 혼났어

174

# 我被老师批评了。

**Wǒ bèi lǎoshī pīpíng le.**

나 선생님께 혼났어.

더후's 문법 '누구에 의해서 ~을 당하다'라는 피동의 의미는 개사 被(~에 의해)로 나타내요. 「주어+'被주동자'+술어+기타성분」의 어순으로 말하고, 주동자가 서로 알고 있는 정보라면 생략할 수 있어요.

**被 N(주동자) + V** N에 의해 V를 당하다

- **你被他骗了。** 넌 그에게 속았어.
  Nǐ bèi tā piàn le.

- **我被蚊子咬了。** 나 모기에 물렸어.
  Wǒ bèi wénzi yǎo le.

단어 被 bèi 개 ~에게 ~을 당하다 | 老师 lǎoshī 명 선생님 | 批评 pīpíng 동 비평하다, 혼내다 | 骗 piàn 동 속이다 | 蚊子 wénzi 명 모기 | 咬 yǎo 동 물리다

덕후's 발음

## 원어민 되는 낭독 3단계를 시작해 볼까요?

175

★ mp3를 따라서 3번씩 낭독하세요.

### 1 단어 병음과 성조를 정확하게

☑☐☐

Wǒ · bèi · lǎoshī · pīpíng · le

| 我 | 被 | 老师 | 批评 | 了 |
|---|---|---|---|---|
| 나 | ~에 의해 | 선생님 | 혼내다 | (완료) |

### 2 단어+단어 성조 변화에 주의해서

☑☐☐

Wǒ bèi lǎoshī · pīpíng le

| 我被老师 | 批评了 |
|---|---|
| 나는 선생님에 의해 | 혼났다 |

### 3 문장 리듬과 억양을 살려서

☑☐☐

**Wǒ bèi lǎoshī pīpíng le.**

我被老师批评了。

나는 선생님한테 혼났다.

덕후's 대화

이렇게 대화할 수 있어요!

176

**我被老师批评了。**
Wǒ bèi lǎoshī pīpíng le.
나 선생님께 혼났어.

**怎么了？你做错什么了？**
Zěnme le? Nǐ zuò cuò shénme le?
왜? 너 뭐 잘못했어?

怎么了 zěnmele 무슨 일이야?/어떻게 된 거야?

错 cuò 형 틀리다

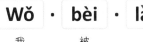

Day
# 43 이 이야기에 감동 받았어

177

## 这个故事让我很感动。

**Zhè ge gùshi ràng wǒ hěn gǎndòng.**

이 이야기에 감동 받았어.

덕후's 문법 '누구로 하여금 ~을 하게 하다(사동)'라는 뜻은 동사 **让**(~하게 하다)으로 나타내요. 「주어1+让+목1/주2+술어2」의 형식으로 쓰는데 이것은 2개의 문장이 겹쳐진 구조예요. 예를 들어, **我让他开车**(나는 그에게 운전하게 했다)는 **我 · 让他**(나는 그에게 시키다)와 **他开车**(그가 운전하다)가 겹쳐진 문장이에요.

**让 N(목$_1$/주$_2$) + V** N으로 하여금 V하게 하다

- **你让我想一想。** 나 생각 좀 할게(나 생각 좀 하게 해 줘).
  Nǐ ràng wǒ xiǎng yi xiǎng.
- **老师不让我们聊天儿。** 선생님은 우리에게 이야기하지 못하게 하셔.
  Lǎoshī bú ràng wǒmen liáotiānr.

단어 故事 gùshi 명 이야기 | 让 ràng 동 ~로 하여금 ~하게 하다 | 感动 gǎndòng 동 감동하다 | 想 xiǎng 동 생각하다

덕후's
발음

## 원어민 되는 낭독 3단계를 시작해 볼까요?

178

★ mp3를 따라서 3번씩 낭독하세요.

### 1 단어 병음과 성조를 정확하게

☑☐☐

| Zhè | ge | gùshi | ràng | wǒ | hěn | gǎndòng |
|---|---|---|---|---|---|---|
| 这 | 个 | 故事 | 让 | 我 | 很 | 感动 |
| 이 | 개 | 이야기 | ~하게 하다 | 나 | 아주 | 감동하다 |

### 2 단어+단어 성조 변화에 주의해서

☑☐☐

| Zhè ge gùshi | ràng wǒ | hén gǎndòng |
|---|---|---|
| 这个故事 | 让我 | 很感动 |
| 이 이야기 | 나로 하여금 | 아주 감동하다 |

### 3 문장 리듬과 억양을 살려서

☑☐☐

**Zhè ge gùshi ràng wǒ hén gǎndòng.**

这个故事让我很感动。

이 이야기는 나를 감동하게 했다.

덕후's
대화

이렇게 대화할 수 있어요!

179

**你为什么哭啊？**
Nǐ wèishénme kū a?
너 왜 울어?

**因为这个故事让我很感动啊。**
Yīnwèi zhè ge gùshi ràng wǒ hěn gǎndòng a.
왜냐하면 이 이야기에 감동 받았거든.

哭 kū 동 울다

因为 yīnwèi 접 왜냐하면

Day
# 44 그는 내게 영어를 가르쳐

180

## 他教我英语。

**Tā jiāo wǒ Yīngyǔ.**

그는 내게 영어를 가르쳐.

덕후's 문법 중국어 동사 중에는 목적어를 2개 가지는 동사들이 있어요. '~에게 ~을/를 해 주다'라는 뜻을 나타내는 동사들인데 **教**(가르치다), **送**(선물하다), **给**(주다) 등이 있어요.

**V + $N_1$(사람) + $N_2$(사물)** $N_1$에게 $N_2$를 V해 주다

- **妈妈每天给**我零用钱。 엄마는 매일 나에게 용돈을 주셔.
  Māma měitiān gěi wǒ língyòngqián.

- **我要送**他一个礼物。 나는 그에게 선물을 주려고 해.
  Wǒ yào sòng tā yí ge lǐwù.

단어 教 jiāo 동 가르치다 | 英语 Yīngyǔ 명 영어 | 每天 měitiān 명 매일 | 零用钱 língyòngqián 명 용돈 | 送 sòng 동 주다, 선물하다 | 礼物 lǐwù 명 선물

덕후's
발음

## 원어민 되는 낭독 3단계를 시작해 볼까요?

181

★ mp3를 따라서 3번씩 낭독하세요.

### 1 단어 병음과 성조를 정확하게

☑☐☐

| Tā | jiāo | wǒ | Yīngyǔ |
|---|---|---|---|
| 他 | 教 | 我 | 英语 |
| 그 | 가르치다 | 나 | 영어 |

### 2 단어+단어 성조 변화에 주의해서

☑☐☐

| Tā | jiāo wǒ | Yīngyǔ |
|---|---|---|
| 他 | 教我 | 英语 |
| 그 | 나에게 가르치다 | 영어 |

### 3 문장 리듬과 억양을 살려서

☑☐☐

**Tā jiāo wǒ Yīngyǔ.**

他教我英语。

그는 나에게 영어를 가르친다.

덕후's
대화

## 이렇게 대화할 수 있어요!

182

**他是谁？**
Tā shì shéí?
그는 누구야?

**他教我英语。**
Tā jiāo wǒ Yīngyǔ.
그는 내게 영어를 가르쳐.

# Day 45 나는 중국에 여행 갈 거야

183

# 我要去中国旅游。

**Wǒ yào qù Zhōngguó lǚyóu.**

나는 중국에 여행 갈 거야.

덕후's 문법 한 문장에 동사를 2개 이상 사용하는 문장을 연동문이라고 해요. 첫 번째 동사와 두 번째 동사는 발생 순서를 나타내거나 앞의 동사가 뒤의 동작의 방식을 나타내요. 위 문장은 '가서(去) 여행을 하다(旅游)'인데 해석은 '여행을 하러 가다'라고 해요.

**$V_1$ + $V_2$** $V_1$하고 $V_2$하다 / $V_1$를 사용해서 $V_2$하다

- **我去书店买书。** 나는 서점에 책을 사러 가. (시간 순서 & 목적)
  Wǒ qù shūdiàn mǎi shū.

- **他们用汉语聊天。** 그들은 중국어로 이야기를 해.
  Tāmen yòng Hànyǔ liáotiān.

단어 去 qù 동 가다 | 中国 Zhōngguó 지명 중국 | 旅游 lǚyóu 동 여행하다 | 书店 shūdiàn 명 서점 | 用 yòng 동 사용하다

덕후's 발음

## 원어민 되는 낭독 3단계를 시작해 볼까요?

184

★ mp3를 따라서 3번씩 낭독하세요.

### 1 단어 병음과 성조를 정확하게

☑ ☐ ☐

| Wǒ | yào | qù | Zhōngguó | lǚyóu |
|---|---|---|---|---|
| 我 | 要 | 去 | 中国 | 旅游 |
| 나 | ~하려고 하다 | 가다 | 중국 | 여행하다 |

### 2 단어+단어 성조 변화에 주의해서

☑ ☐ ☐

| Wǒ | yào qù Zhōngguó | lǚyóu |
|---|---|---|
| 我 | 要去中国 | 旅游 |
| 나 | 중국에 가려고 하다 | 여행하다 |

### 3 문장 리듬과 억양을 살려서

☑ ☐ ☐

**Wǒ yào qù Zhōngguó lǚyóu.**

我要去中国旅游。

나는 중국에 여행 가려고 한다.

덕후's 대화

이렇게 대화할 수 있어요!

185

**我要去中国旅游。**
Wǒ yào qù Zhōngguó lǚyóu.
나는 중국에 여행 갈 거야.

**是吗？什么时候？**
Shì ma? Shénme shíhòu?
그래? 언제?

# Review

## Day 41~45

★ 아래의 한국어를 중국어로 작문하고 소리 내어 읽어 보세요.

**01** 나는 노트북을 수리했어. (노트북 笔记本电脑, 잘 수리하다 修好)

**02** 나는 개에게 물렸어. (개 狗, 물다 咬)

**03** 의사가 찬물을 못 마시게 해. (의사 医生, 찬물 冰水)

**04** 그는 내게 운전을 가르쳐 줘. (운전하다 开车)

**05** 나는 지하철을 타고 출근해. (지하철을 타다 坐地铁, 출근하다 上班)

정답 **01** 我把笔记本电脑修好了。Wǒ bǎ bǐjìběn diànnǎo xiū hǎo le. **02** 我被狗咬了。Wǒ bèi gǒu yǎo le. **03** 医生不让我喝冰水。Yīshēng bú ràng wǒ hē bīngshuǐ. **04** 他教我开车。Tā jiāo wǒ kāichē. **05** 我坐地铁上班。Wǒ zuò dìtiě shàngbān.

# Read out

## 운모 uan uang

★ 绕口令(ràokǒulìng 잰말놀이)으로 발음 연습을 해 봅시다. 혀와 입술이 자유자재로 움직이도록 얼굴 근육을 먼저 풀고 시작하세요.

천천히 ☑☐☐ 빠르게 ☑☐☐

186

❶ ❷

**Huáng fànwǎn, hóng fànwǎn,**

**huáng fànwǎn △chéng mǎn fànwǎn,**

❸

**hóng fànwǎn △chéng bàn fànwǎn,**

**huáng fànwǎn △tiān bàn fànwǎn,**

❹

**hóng huáng fànwǎn △yíyàng mǎn fànwǎn.**

❶ uan은 앞에 다른 성모가 없을 때 wan으로 표기해요. '완'이 아니라 '우-완'으로 읽어야 자연스러워요.

❷ fàn의 f를 p로 읽지 않게 주의하세요.

❸ bàn fànwǎn(半饭碗)은 bàn(半) 뒤에서 살짝 쉬었다가 읽으면 자연스러워요.

❹ yíyàng(一样)은 약간 강하게 읽으면 자연스러워요.

원문 黄饭碗，红饭碗，黄饭碗盛满饭碗，红饭碗盛半饭碗，黄饭碗添半饭碗，红黄饭碗一样满饭碗。

# Chapter 10

덕후's 말하기 플랜

| | | | | |
|---|---|---|---|---|
| Day 41 | Day 42 | Day 43 | Day 44 | Day 45 |
| ✓ | ✓ | ✓ | ✓ | ✓ |
| Day 46 | Day 47 | Day 48 | Day 49 | Day 50 |
| ✓ | | | | |

COMPLETED

# 명령문과 청유문

명령 또는 금지할 때, 부탁할 때 쓰는 표현들

# Day 46 너 일찍 돌아와

187

# 你早点回来吧。

**Nǐ zǎodiǎn huílái ba.**

너 일찍 돌아와.

덕후's 문법 '~하자(청유)' 또는 '~해라(명령)'라고 말할 때는 문장 끝에 吧를 붙여요. 명령할 때는 주어(你)를 생략할 수 있어요.

**문장 + 吧** ~하자/~해라

- **早点睡吧。** 일찍 자.
  Zǎo diǎn shuì ba.

- **我们一起去吧。** 우리 같이 가자.
  Wǒmen yìqǐ qù ba.

단어 早 zǎo 형 (때가) 이르다, 빠르다 | 点 diǎn 명 시 | 吧 ba 조 문장 뒤에서 명령, 제의 등의 어기를 나타냄 | 睡 shuì 동 (잠을) 자다 | 一起 yìqǐ 부 같이, 함께

덕후's 발음

## 원어민 되는 낭독 3단계를 시작해 볼까요?

188

★ mp3를 따라서 3번씩 낭독하세요.

### 1 단어 병음과 성조를 정확하게

☑☐☐

| Nǐ | · | zǎo | · | diǎn | · | huí | · | lái | · | ba |
|---|---|---|---|---|---|---|---|---|---|---|
| 你 | | 早 | | 点 | | 回 | | 来 | | 吧 |
| 너 | | 이르다 | | 좀 | | 돌아오다 | | 오다 | | ~하자 |

### 2 단어+단어 성조 변화에 주의해서

☑☐☐

| Nǐ | · | záo diǎn | · | huí lái ba |
|---|---|---|---|---|
| 你 | | 早点 | | 回来吧 |
| 너 | | 일찍 | | 돌아와라 |

### 3 문장 리듬과 억양을 살려서

☑☐☐

**Nǐ záo diǎn huí lái ba.**

你早点回来吧。

너 일찍 돌아와.

덕후's 대화

이렇게 대화할 수 있어요!

189

**你早点回来吧。**

Nǐ zǎo diǎn huílái ba.

너 일찍 돌아와.

**好，我会早点回来。**

Hǎo, wǒ huì zǎo diǎn huílái.

그래, 일찍 올게.

会 huì 동 ~할 것이다

Day 47

# 너 걱정하지 마

190

# 你别担心了。

**Nǐ bié dānxīn le.**

너 걱정하지 마.

덕후's 문법 '~하지 마라'라고 금지를 나타낼 때는 동사 앞에 别를 사용해요. 「别+동사」로 쓰고 문장 끝에 了를 붙이기도 해요.

**别 V** V하지 마라

- 别跟我开玩笑。 나한테 농담하지 마.
  Bié gēn wǒ kāi wánxiào.
- 你别生气了。 너 화내지 마.
  Nǐ bié shēngqì le.

단어 别 bié 부 ~하지 마라 | 担心 dānxīn 동 걱정하다 | 开玩笑 kāi wánxiào 농담을 하다, 놀리다

덕후's 발음

## 원어민 되는 낭독 3단계를 시작해 볼까요?

191

★ mp3를 따라서 3번씩 낭독하세요.

### 1 단어 병음과 성조를 정확하게

☑☐☐

| Nǐ | bié | dānxīn | le |
|---|---|---|---|
| 你 | 别 | 担心 | 了 |
| 너 | ~하지 마라 | 걱정하다 | (변화) |

### 2 단어+단어 성조 변화에 주의해서

☑☐☐

| Nǐ | bié dānxīn le |
|---|---|
| 你 | 别担心了 |
| 너 | 걱정하지 마 |

### 3 문장 리듬과 억양을 살려서

☑☐☐

**Nǐ bié dānxīn le.**

你别担心了。

너 걱정하지 마.

덕후's 대화

이렇게 대화할 수 있어요!

192

**你别担心了。**
Nǐ bié dānxīn le.
너 걱정하지 마.

**好的，我听你的。**
Hǎo de, wǒ tīng nǐ de.
알았어. 네 말 들을게.

听 tīng 동 (남의 의견을) 듣다

# Day 48 너 간식 좀 적게 먹어

193

# 你少吃点儿零食。

**Nǐ shǎo chī diǎnr língshí.**

너 간식 좀 적게 먹어.

더후's 문법 少와 多는 동사 앞에 쓰여서 '적게 ~해라', '많이 ~해라'라는 명령의 뜻을 나타내요. 일반적으로 동사 뒤에는 '조금'이라는 뜻의 (一)点儿을 같이 써요.

**多/少 V** 많이/적게 V해라

- **你多喝点儿热水。** 너 따뜻한 물 많이 마셔.
  Nǐ duō hē diǎnr rèshuǐ.
- **多穿点儿衣服。** 옷을 많이 입어.
  Duō chuān diǎnr yīfu.

단어 少 shǎo 형 적다 | 零食 língshí 명 간식 | 多 duō 형 많다 | 热水 rèshuǐ 명 따뜻한 물

덕후's 발음

## 원어민 되는 낭독 3단계를 시작해 볼까요?

194

★ mp3를 따라서 3번씩 낭독하세요.

### 1 단어 병음과 성조를 정확하게

☑ ☐ ☐

| Nǐ | shǎo | chī | diǎnr | língshí |
|---|---|---|---|---|
| 你 | 少 | 吃 | 点儿 | 零食 |
| 너 | 적게 | 먹다 | 조금 | 간식 |

### 2 단어+단어 성조 변화에 주의해서

☑ ☐ ☐

| Nǐ | shǎo chī diǎnr | língshí |
|---|---|---|
| 你 | 少吃点儿 | 零食 |
| 너 | 좀 적게 먹다 | 간식 |

### 3 문장 리듬과 억양을 살려서

☑ ☐ ☐

**Ní shǎo chī diǎnr língshí.**

你少吃点儿零食。

너 간식 좀 적게 먹어.

덕후's 대화

이렇게 대화할 수 있어요!

195

**我胖了，我要减肥。**

Wǒ pàng le, wǒ yào jiǎnféi.

나 뚱뚱해졌어. 다이어트해야 해.

**那你少吃点儿零食。**

Nà nǐ shǎo chī diǎnr língshí.

그럼 너 간식 좀 적게 먹어.

胖 pàng 형 뚱뚱하다, 살찌다

减肥 jiǎnféi 동 살을 빼다, 다이어트하다

# Day 49 우리 쇼핑하러 가는 거 어때?

196

# 我们去逛街，好不好？

**Wǒmen qù guàngjiē, hǎo bu hǎo?**
우리 쇼핑하러 가는 거 어때?

더후's 문법 '~하는 게 어때?'라고 제안할 때 문장 끝에 '好不好/好吗?'를 붙입니다. '좋아, 안 좋아?'라는 뜻이기 때문에 딱딱한 명령투가 아니라 부드럽게 권유하는 말이에요.

**문장，好不好/好吗？** ~하는 게 어때?

- **你不要生气，好不好？** 너 화내지 마, 응?
  Nǐ bú yào shēngqì, hǎo bu hǎo?
- **给我一个杯子，好吗？** 나에게 컵 좀 줄래?
  Gěi wǒ yí ge bēizi, hǎo ma?

단어 逛街 guàngjiē 동 아이쇼핑을 하다, 거리를 거닐며 구경하다 | 给 gěi 동 주다 | 杯子 bēizi 명 컵

덕후's 발음

## 원어민 되는 낭독 3단계를 시작해 볼까요?

197

★ mp3를 따라서 3번씩 낭독하세요.

### 1 단어 병음과 성조를 정확하게

☑☐☐

| Wǒmen | qù | guàngjiē | hǎo | bù | hǎo |
|---|---|---|---|---|---|
| 我们 | 去 | 逛街 | 好 | 不 | 好 |
| 우리 | 가다 | 아이쇼핑하다 | 좋다 | 안 | 좋다 |

### 2 단어+단어 성조 변화에 주의해서

☑☐☐

| Wǒmen | qù guàngjiē | hǎo bu hǎo |
|---|---|---|
| 我们 | 去逛街 | 好不好 |
| 우리 | 쇼핑하러 가다 | 어때? |

### 3 문장 리듬과 억양을 살려서

☑☐☐

**Wǒmen qù guàngjiē, hǎo bu hǎo?**

我们去逛街，好不好？

우리 쇼핑하러 가는 거 어때?

덕후's 대화

## 이렇게 대화할 수 있어요!

198

**周末我们去逛街，好不好？**

Zhōumò wǒmen qù guàngjiē, hǎo bu hǎo?

주말에 우리 쇼핑하러 가는 거 어때?

**好啊，你要去哪儿？**

Hǎo a, nǐ yào qù nǎr?

좋아. 너 어디에 가려고?

周末 zhōumò 명 주말

# Day 50 이름을 좀 써 주세요

199

# 请您写一下名字。

**Qǐng nín xiě yí xià míngzi.**

이름을 좀 써 주세요.

더후's 문법 상대방에게 '~해 주세요'라고 예의 바르게 부탁할 때 请을 사용해요. 「请+(명사)+동사」의 형태로 쓰는데 명사는 생략할 수 있어요.

**请 + (N) + V** V를 해 주세요.

- 请问一下。 좀 물어볼게요.
  Qǐng wèn yíxià.
- 请你慢点儿说。 천천히 말해 주세요.
  Qǐng nǐ màn diǎnr shuō.

단어 请 qǐng 동 ~해 주세요 | 您 nín 대 당신, 귀하(你의 존칭) | 写 xiě 동 쓰다 | 一下 yíxià 양 시험 삼아 해 보다, 좀 ~하다 | 名字 míngzi 명 이름 | 问 wèn 동 묻다 | 慢 màn 형 느리다

**더후's 발음** 원어민 되는 낭독 3단계를 시작해 볼까요?  🎧 200

★ mp3를 따라서 3번씩 낭독하세요.

**① 단어** 병음과 성조를 정확하게  ☑□□

| Qǐng · nín · xiě · yí xià · míngzi |
|---|
| 请　　您　　写　　一下　　名字 |
| ~해 주세요　당신　쓰다　좀 ~하다　이름 |

**② 단어+단어** 성조 변화에 주의해서  ☑□□

| Qǐng nín · xiě yí xià · míngzi |
|---|
| 请您　　　写一下　　名字 |
| ~해 주세요　좀 쓰다　이름 |

**③ 문장** 리듬과 억양을 살려서  ☑□□

## Qǐng nín xiě yí xià míngzi.

请您写一下名字。
이름을 좀 써 주세요.

**더후's 대화** 이렇게 대화할 수 있어요!  🎧 201

请您写一下名字。
Qǐng nín xiě yíxià míngzi.
이름을 좀 써 주세요.

好的。在这儿吗？
Hǎo de. Zài zhèr ma?
네, 여기예요?

# Review

## Day 46~50

★ 아래의 한국어를 중국어로 작문하고 소리 내어 읽어 보세요.

**01** 잘 생각해 보세요. (잘 好好, 생각해 보다 想想)

**02** 신분증 가져가는 거 잊지 마. (잊다 忘, 가지다 带, 신분증 身份证)

**03** 의사가 술을 적게 먹는 걸 권했어. (권하다 劝, 술 酒)

**04** 주말에 같이 놀러 갈래? (주말 周末, 놀다 玩儿)

**05** 차가운 콜라 주세요. (차갑다 冰, 콜라 可乐)

정답 **01** 你好好想想吧。Nǐ hǎohǎo xiǎng xiǎng ba. **02** 你别忘了带身份证。Nǐ bié wàng le dài shēnfènzhèng. **03** 医生劝我少喝点酒。Yīshēng quàn wǒ shǎo hē diǎn jiǔ. **04** 周末一起去玩儿，好不好？Zhōumò yìqǐ qù wánr, hǎo bu hǎo? **05** 请给我冰可乐。Qǐng gěi wǒ bīng kělè.

# Read out

## 성모 zh sh

★ 绕口令(ràokǒulìng 잰말놀이)으로 발음 연습을 해 봅시다. 혀와 입술이 자유자재로 움직이도록 얼굴 근육을 먼저 풀고 시작하세요.

천천히 ☑□□ 빠르게 ☑□□

202

Zhuō shàng fàng zhe zuàn,

dì shàng yǒu kuài zhuān.

Zhuō shàng de zuàn

zá dào dì shàng de zhuān,

dì shàng de zhuān bèi zhuō shàng de zuàn

zá chéng wǔ kuài zhuān.

❶ zhuo는 입을 살짝 내민 상태에서 입모양이 세로로 길어지게 발음해요.

❷ 방위사로 쓰는 上(shang)은 경성( • )으로 읽어요.

❸ 피동의 뜻을 나타내는 被(bèi)는 약하게 읽어요.

❹ 연속하는 2성은 앞의 2성보다 뒤의 2성을 더 올리는 것이 자연스러워요.

원문 桌上放着钻，地上有块砖。桌上的钻砸到地上的砖，地上的砖被桌上的钻砸成五块砖。

중국어덕후 현정쌤의 50일 기초 중국어 말하기 [말문 트기 편]

| | |
|---|---|
| 초 판 발 행 | 2021년 12월 02일(인쇄 2021년 11월 11일) |
| 발 행 인 | 박영일 |
| 책 임 편 집 | 이해욱 |
| 지 은 이 | 박현정 |
| 검 수 | 陈英 |
| 기 획 편 집 | 이지현 |
| 표지디자인 | 이미애 |
| 편집디자인 | 박지은 · 곽은슬 |
| 발 행 처 | 시대인 |
| 공 급 처 | (주)시대고시기획 |
| 출 판 등 록 | 제 10-1521호 |
| 주 소 | 서울시 마포구 큰우물로 75 [도화동 538 성지 B/D] 9F |
| 전 화 | 1600-3600 |
| 팩 스 | 02-701-8823 |
| 홈 페 이 지 | www.edusd.co.kr |
| I S B N | 979-11-383-1087-1(13720) |
| 정 가 | 15,000원 |

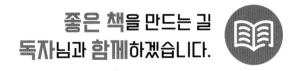